公務員のための インバスケットトレーニング

限られた時間で結果を出す！

株式会社インバスケット研究所
代表取締役
鳥原隆志

ぎょうせい

第3章　インバスケット問題の解説

第4章　インバスケット思考の活用

はじめに

はじめに

本書をお読みいただきありがとうございます。

インバスケット研究所の鳥原隆志です。


本書は「**インバスケット**」を実際に体感していただけます。インバスケットは1950年代にアメリカ空軍で生まれたトレーニングツールです。

簡単に説明すると、**限られた時間の中で架空の立場になりきり、多くの案件処理を行うビジネスシミュレーションゲーム**です。

現在は多くの企業や官公庁で管理職の登用試験や教育研修で使われています。


私自身は15年程前に前職のダイエー時代にこのツールと出会いました。

管理職の登用試験として、です。

その際の衝撃は今も覚えています。

「**こんな試験は受けたことがない**」

これがインバスケットへの第一印象です。

私はインバスケットを受けるまで、**自分の仕事はレベルが高い**、と思っていました。判断力も備えているし、段取りも抜群、部下指導も温かみのある理想の上司像に近いと思っていたのです。

でも、それは錯覚でした。

リスクのある判断は避ける傾向が強く、目の前の問題をいかにさばくかという表面的な仕事ぶり、部下指導は部下をまるでモノ扱いしているようなひどい指示の出し方でした。

当時は大ショックを受けたのですが、今思えば、**本当の自分の仕事ぶりに気づけて良かった**と振り返っています。

そして、今はこのインバスケットを世の中に普及させて、より多くの方が、より効率的に仕事ができ、間違った判断をしないような世界を目指しています。

10年ほど前から2万名以上の方と一緒にインバスケットトレーニングを実施し、関連書籍も50冊を超えました。

世界の流れが「働き方改革」に進むと、インバスケットに対する皆様の期待は高まり、今は民間の管理職層だけではなく、様々な業界や階層に対してインバスケットを活用したいとお声をいただいております。

私はこのインバスケットで良い結果を出す考え方を「インバスケット思考」と呼んでいます。

「限られた時間の中でより高い結果を出す」という考え方です。

当たり前の言葉が連なっていますが、できているようでできていないのが、限られた時間の中で仕事をするということです。

私もそうでしたが、高い結果ばかりに目が行き、時間を案外軽視していました。

そのうちに「時間をかければ高い成果が生まれる」という意識が根付いてしまいます。

インバスケット思考ではより短い時間で高い結果が安定的に出る方法を目指します。

本書は以下のような課題をお持ちの方に向けて書いています。

- 時間が足りない
- 仕事が中途半端になりがち
- 判断や決断が苦手
- トラブルにはできるだけ巻き込まれたくない

なお、本書では、初めてインバスケットを体験される方向けに、実際に使っているインバスケット問題を一部簡略化し、選択肢をつけています。

いわば体験版と捉えていただき、本書でインバスケットに興味を持った方は、本格的なインバスケット問題や研修に挑戦していただきたいと思います。

また、あなたの成長のために本書は**「読む」という感覚ではなく、「参加する」という感覚**を持っていただければと思います。

そのために一部ストーリーを入れていますので、その際には主人公になりきってみてください。

また、問題の中には難しかったり、悩んだりするものもあると思います。

でも**すぐに解説を見ず、自分だったらどう解決するかを考えて、そのうえでより近い選択肢を選んでください。**

インバスケットの上達方法は「失敗する」ことです。

失敗することで、どうすればいいのか気づきがあり、その気づきがあなたの成長につながるのです。

最後に、本書を読むだけで、画期的にあなたの能力が向上するということはありません。どのトレーニングでも同じですが、継続が大事です。

本書で気づいたことを職場などで実践し、それを継続することで本当のあなたの実力になるのです。

では早速本編に入りましょう。

第1章

インバスケット思考とは

公務員になぜインバスケットが必要か

平成12年の地方分権一括法の改革により、地方自治体は、行政運営に対するより大きな権限が委ねられるようになりました。権限移譲だけではなく、住民のニーズも多様化・高度化してきています。

現場でこれからも増え続けるであろう業務にすぐに対応することは、簡単なことではないでしょう。

いきなり、あなたたちで判断しろと言われても、すぐにはできないものなのです。なぜなら、**判断力などは筋肉と同じで日ごろから鍛えないと身につかないものだからです。**

著者である私は公務員ではありませんが、職人の世界にいたことがあります。それは大学を卒業して大手スーパーに入社したときのことです。配属されたのは当時一番過酷な店舗の精肉売り場でした。私が配属された当時の精肉売り場には職人が７人いました。

今振り返ると、ハラスメントが勢ぞろいするほどの縦割り社会です。

私は下積みとして、先輩の包丁とぎや掃除をしていました。

しかし、大学で学んだマーケティングの学問を活かしたく、何度も上司に品ぞろえの提案やライバル社との比較などの資料を作ってプレゼンしに行きました。

ある日、上司に厳しく叱られました。

「お前は言われたことをすればいい。二度と考える仕事をするな」

この一言は私にとってはショックでした。

しかし、親方の言うことは絶対です。

その日から私は考えることをやめました。

マニュアルに従って動き、ルールを守り言われたことをする仕事。最初は苦痛でしたが、そのうちにその仕事に慣れてくると、心地よさを感じ始めました。

そんなころ、同期の仲間と飲む機会があり、自分の変化に気づきました。

考えなくなってきているのです。同期の仲間はいろんなことに問題意識や考えをバンバン述べているのに対して、私はその話題に入れません。
その時に気づきました。判断や問題解決力などは筋肉と同じで使わなければ退化して、いざという時に使えなくなるということを。

本書をお読みの皆様はおそらく毎日公務に追われ、様々なことを判断したり、トラブル処理などに当たられていると思います。

突発的に起きる災害や住民対応など、皆様自身も今までのやり方が通用しない環境の変化に気づかれていると思います。

「VUCA」という言葉を聞いたことがあるでしょうか？

「VUCA（ブーカ）」とは、
・Volatility（変動性）
・Uncertainty（不確実性）
・Complexity（複雑性）
・Ambiguity（曖昧性）
の頭文字を取った用語

ころころ情勢が変わり、正解が存在せず、結果にたどり着くまで複雑で、何を目標とするべきかが曖昧な現代社会の状態を指しています。

つまり、ＶＵＣＡ時代では**今までのやり方が通用しない世界に突入しているわけです。**

だからこそ、**マニュアルや前例にとらわれず判断したり問題解決する力、すなわち「インバスケット思考」が公務員にも求められているのです。**

インバスケットとは

インバスケットとは架空の役所になりきり、制限時間内にまだ処理されていない案件を、精度高く処理するゲームです。

現代風に例えると、メールボックスにたまった未開封のメールを、限られた時間内に処理していくゲームといえばわかりやすいでしょうか。もともとの語源は、インバスケット＝未処理箱です。管理者の机の上に置かれている未処理の案件が入れられた「未処理箱」のことです。

歴史は１９５０年代にさかのぼります。アメリカ空軍で活用されはじめたのがルーツと言われています。

当時アメリカ空軍では、兵士や士官の養成学校で優秀な成績をとったのに、戦場で戦死をする確率が高いという課題がありました。その課題を研究した結果、たどり着いたのが「覚えた知識やスキルが、現場で活用されるとは限らない」というものでし

インバスケットで発揮したい能力

問題発見力	計画組織力
問題分析力	当事者意識
創造力	ヒューマンスキル
意思決定力	生産性
洞察力	優先順位設定力

株式会社インバスケット研究所

た。

つまり、「知っている」と「使える」は全く次元が違うということなのです。

そこで、身につけたスキルが実際に現場で活用できるかを測定する必要性から、インバスケットが開発されました。

現在のインバスケットは、ビジネスに関わる方の判断力や問題解決力、仕事の進め方などを10個の能力として測定するものとして、民間企業だけではなく官公庁や大学などでも教育ツールや昇格試験として扱われています。

これらの能力はインバスケットだけでは

なく、実際の職場でも必要とされます。

つまり、インバスケットは職場で必要な能力が実際に活用されているかを省みるツールともいえるのです。

具体的にはこの後あなたにも体験いただきますが、60分の制限時間の間で、架空の立場になりきり、20個の案件を処理するというスタイルが一般的です。

正解がないテスト

インバスケットの特徴は「正解が存在しない」ということです。

いわゆるテストなるものには正解が存在します。その正解と回答の合致した比率が点数として結果に出てきます。

しかし、この**インバスケットには正解が存在しません。**


例えば、部下がトラブルを起こして相談に来たとしましょう。

ある上司は即座に自分が処理しようと動き出し、ある上司は部下に助言をし、また違う上司は教育の意図であえて何もしない、はたしてこの3人の上司の対応はどれが正解でしょうか？

もちろん、いろんな意見があるでしょう。

でも、どの対応が絶対的な正解と決めることはできません。

逆にいうとインバスケットに取り組む方の数ほど、インバスケットには正解があります。

インバスケットはどのような対応をしたかを評価するツールではなく、その**過程でどのような判断決定プロセスをたどったかを評価していきます。**

これから挑戦するインバスケットにも正解は何かを気にせずに、まずはあなたが持っている判断の方法で20の案件に挑戦してみてください。

また、インバスケットには制限時間があります。制限時間を守り、時間を計ることで、あなた自身の能力が正しく測定できますし、インバスケット終了後には今までなかったほどの頭の冴えを感じ、達成感があることでしょう。

仮にできなくてもショックを受ける必要はありません。60分で20案件を処理するというのは、非常に高いハードルです。すべてできなかったからと悔やんだり羞恥心を持たないでください。

インバスケットは火事場のバカ力を測るツールです。

大事なのは、実際の火事場でバカ力が発揮されることであり、この模擬体験ではむしろ失敗をしてほしいのです。
多くの案件を短時間で精度高く処理するには、以下のようなポイントがあります。

・優先順位をつける
・正しい判断方法や問題解決法を身につける
・身につけた力を発揮する

インバスケット・トレーニングの効果

私がインバスケットに出会ったのは、前職ダイエーの管理職昇格試験でした。

それまでの私の働き方は、まさに朝から晩まで、時にはほとんど休まない年もありました。

それは自分の仕事の理想が「すべてを完璧にする」だったからでしょう。

でも実際には、起きたトラブルを処理していく「モグラたたき」の連続でした。理想の仕事にはまだまだたどり着かない状態を、私は頑張りで乗り切ろうとしていました。

そんな時にインバスケットに出会い、最初はすべての案件を完璧に処理するにはどうするかと考え、悩みました。

しかし、何度も挑戦するうちに悟りました。

「すべての仕事を完璧にする必要はなく、大事な仕事は一部なのだ」

つまり、優先順位設定の必要性を学んだわけです。

インバスケット・トレーニングは私に優先順位をつけて仕事をすることの重要性を

学ばせてくれました。そのおかげで今は、どの仕事に力を入れて、どの仕事を捨てるべきかという仕事スタイルに変わり、ほぼ毎日定時で退社する一方で、やりたい仕事をできるありがたさを感じています。

インバスケットをトレーニングすることで得られる効果は、人によって異なりますが、大きく4つです。

① 優先順位設定をつける力を身につける

先程私の例で挙げたように、私たち自身はメリハリをつけて仕事をしているつもりですが、インバスケットの回答を振り返ると、頑張って全部しようとする方が非常に多いことに驚きます。

限られた時間や力をどの仕事に振り分けるのか、少し優先順位のつけ方を変えるだけで仕事の結果が高まる人が多いのです。

② 真の問題解決力を身につける

問題解決といえば、トラブルをうまく解決したり、クレームを処理したりするなどのイメージがあると思います。

しかし、ここでいう問題解決は、そもそものような問題が起きないようにする問題解決です。

いわば根っこを改善することで、あなたを悩ませるトラブルなどが発生しないようにする力をインバスケットで手に入れることができます。

③　全体や先を見通す力を身につける

インバスケットは複数の案件や全体を把握しないと判断できないような問題設計になっています。

ですから、仕事で目の前のことに集中しすぎて、全体や先を見通すことが苦手な方にはうってつけのトレーニングツールです。

全体や先を見通す力を洞察力といいますが、環境の変化や先が見通せない時代ですからなお、仕事をするうえで必要とされてきます。

④　判断力を身につける

インバスケットでは判断パターンを振り返り、どのようなプロセスに課題があるのかを知り、改善することで精度の高い判断力を身につけることができるのです。決定したり、判断することが苦手な人も、このプロセスや判断の方法を知ることにより、精度の高い判断方法を実践することができます。

また、精度の高い判断方法を知ることで、自分の判断に自信がつき不安をなくすこともできるのです。


インバスケットは究極のアウトプットツールだと言われています。知識ではなく実際に現場で使えるかを測定するツールだからです。言いかえれば、インバスケットでできるようになったことは、職場でもできるようになったということです。

まず、これからインバスケットをあなた自身の普段の仕事スタイルで挑戦し、解説などから客観的に振り返り、そのうえで別のやり方でもう一度インバスケットに挑戦する、これを繰り返すことで、普段の仕事のレベルを上げることができます。

限られた時間の中で最大の結果を出す思考法「インバスケット思考」に挑戦してみてください。

第2章

インバスケット問題の実践

インバスケットのルール

インバスケットを楽しむにはルールがあります。

以下の３つのルールを守ってください。

①主人公になりきる

インバスケットではあなた自身が主人公になりきり案件処理をすることが大事です。

今の職場のルールや慣習、などはいったんゼロベースで取り組んでください。

客観的に観察し批評するのではなく、あなた自身が主人公として当事者意識をもって挑戦してください。

②時間を意識する

今回の問題は60分間という時間を設定しています。

時間を意識して進めるようにしてください。

できれば休憩を入れず、60分間連続で取り組んでください。

また、案件は20案件あります。ご察しのとおり、一つひとつの案件に十分な時間はかけることができないでしょう。

あなたならどの案件から処理するのか、優先順位をつけて処理することも大事です。

③正解が何かを気にしない

きっと正解が何か気になると思います。

しかし、先に述べたようにインバスケットには絶対的な正解は存在しません。

ですから、普段のあなたの判断スタイルでまず考え、そのあとの解説を読み、どこが違うのかを振り返ることが最大の気づきを得ることができます。


一番おすすめの解き方は、まず、20案件を自分だったらどのように対応するかをノートなどに書いて、そのあとにあなたの考えと一番近い選択肢を選ぶことです。

実際の仕事でも選択肢は用意されていませんし、選択肢を消去法で選んでいくと、本来のあなたの行動パターンと異なる選択をする恐れがあるからです。

今回の問題について

通常インバスケットでは受講者（あなた）と異なる業種や役職になりきります。それは、今のあなたの環境に近いケースだと、経験やテクニック・職場の慣習が邪魔をして、本来のあなたの行動パターンが見えにくくなるからです。

ただ、今回は地方公務員という仕事の特殊性に配慮して、**自治体職員の舞台設定**にしています。ただし、今のあなたが所属する集団とは全く違う集団だと思って挑戦をしてください。

問題中には、本来あり得ない設定が含まれていることもあります。これはあなた自身の能力を正確に測るためのあえての設定として捉えてください。

また、この問題はインバスケット研究所が公務員の能力開発のために開発した問題です。したがって許可なく無断にコピーをしたり、転載したりすることはできません（インバスケットは株式会社インバスケット研究所の登録商標です）。

回答の書き方について

インバスケットでは多くの場合「記述式」という回答スタイルが採用されています。
「記述式」は、あなたが主人公として相手方から来たメールなどに、実際に返信するように「相手に伝える型式」で書くことを指します。

例えば、

TO ○○副主事へ ○○の件了解です。 総務課に確認を取り進めてください。 なぜなら○○だからです。 よろしくお願いします。

このように普段周りとコミュニケーションを取っている手段を再現するようなイメージで書いてください。

また、記述式の場合は字の丁寧さや誤字脱字はあまりに気にしなくていいでしょう。インバスケットではあなた自身がどのような行動をどのような根拠で取ったのかを分析するので、字は読めればＯＫです。

あなたが置かれている環境

舞台は群馬県にある深井市の市役所です。

深井市役所は群馬県北部にある人口5万3千人の都市です。林業と農業を中心に発達し、市北部に温泉街もあり、最近は観光にも力を入れています。

地理的には市の中心に大きな「白河川」が流れ、周囲は段丘となっています。

また、いくつかの村や町が合併した経緯で、市街地が周辺に点在しています。

経済的には農業が全就業人口の10%を占めており、食品製造、工業加工品も盛んです。

深井市の課題としては若者中心に人口の都市への流出が止まらず、毎年3%前後の人口減少率となっていることです。市では産業の育成や出産・子育て支援などの施策を打ち出してきましたが、人口減少に歯止めがかかっていません。

そこで1年前に深井市は「深井創生総合戦略」を打ち出し、その中心事業とし、3

か月前から「お節介課」を新設しました。

お節介課は、市民の婚姻率上昇を目的とし、男女間の出会いの場の提供をはじめ、経済的な支援や住宅の手配や支援などを行う部署です。

他の地方公共団体でも婚活などを支援していますが、市役所の部署を横断した一貫性を持った部署としてマスコミでも取り上げられて注目されています。

では、これからあなたは主人公の「野本修（のもとおさむ）」になりきり、ストーリーを読んでください。

（まだ時間を計測する必要はありません）

【注意事項】

本書は本という性質上、選択肢を用意しています。

しかし、本来のインバスケットには選択肢はありません。一般的に「自由記述方式」という、その案件に対してどのような行動を取ったかを自由に記入する方法が取られています。

選択肢を用意すると私たちは消去法で最適なものを選ぼうとします。

しかし、実際の職場では選択肢は用意されておらず、あなた自身がある意味選択肢を作らなければなりません。

よりインバスケット・トレーニングの効果を引き出すためには、すぐに選択肢を見るのではなく、まず自分だったらどのような行動や指示を出すのかをノートなどに書いた後に、自身の回答と一番近い選択肢を選ぶ形で進めていただくといいでしょう。

プロローグ「え？　私が課長ですか」

深井市役所2階の窓からは午後の日差しがまぶしく入り込んでいた。

「野本補佐、例の件、どうしますか？」

鈴木主査が聞きにくそうに聞いた。野本はため息を交えながら答えた。

「まだ課長から判断を聞けていないな…」

鈴木も軽くため息をつきながらつぶやいた。

「ダメですよ。課長は追い詰めないと決めてくれませんから」

野本は机の上に積み重なっている緑色の紙ファイルを取り出し、パラパラとめくる。

そのファイルの背表紙には『深井市西部スポーツタウン計画』と書かれている。

「この地域は市街化調整区域だし、耕作放棄地や資材置き場が多くみられる場所、この地域にスポーツ施設を建設し…、というところまではいいとして」

　野本の続きを鈴木が読み上げるように言う。

「駅から遠く、しかもバスの路線外。西部バス側は収益の見込みがないことからバス停設置は困難との回答…ですよね」

　鈴木はもう一度ため息をついた。

　野本は鈴木をなだめるように言った。

「ため息ついても何も出ないよ。それに昨年の市長交代で方向性も大きく変わっている。僕らも考え方を変えなきゃ」

　鈴木は溜まっているうっぷんをはくように言った。

「補佐のおっしゃることもわかりますが、財政難の中、スポーツの街から婚活の街に変更されたから、そちらに予算を取られて、うちの予算も縮小じゃないですか」

「そうだな」

「お節介課なんてとんだお節介ですよ」

　野本はヒートアップする鈴木をなだめるように言った。

「でも筋はとおっているぞ。人口減少は市にとって歳入減少になる。人口を増やすことで都市計画も進むかもしれない」

「補佐はポジティブですね。もっと力を入れる場所がたくさんあるのに」

「まあ、そうぼやくな。ところで、スイスのアルファー市との姉妹都市提携の資料はそろっているか。もう一度チェックしてくれ」

　鈴木と野本の間に、斜め隣に座っている女性職員の佐々木が、受話器を手でふさぎながら入ってきた。

「野本補佐、部長が市長室に来てほしいとのことです」

「わかった。すぐに行きます」

　その様子を見ていた鈴木は訝し気に聞いた。

「補佐…なにか悪いことしました?」

「バカなこと言うなよ。ちょうどいいじゃないか、部長にもう一度判断を仰いでくるよ」

そう言って、野本は緑のファイルをもって市長室に向かった。

市長室は庁舎の2階にある。

4人掛けのソファが置かれている10帖ほどの部屋だ。

窓からは大見川、そしてその奥にはまだ雪が残った山並みが見える。

扉をノックすると中から部長の声で「入りなさい」と聞こえた。

都市計画部の平尾部長と、その横には野本の上司である横石課長が座っている。そして、観葉植物の奥には、扇市長が座っていた。

どうも様子が変だ。

野本がソファに腰掛けると、扇市長がいつも見せない笑顔で切り出した。

「野本君、君は入庁して何年だ」

「はい、17年になります」

「そうか、じゃあ出世頭だな。おめでとう、課長昇進だ」

野本は頭が真っ白になりとっさに出た言葉が

「私が…ですか」

だった。

平尾部長が話す。

「もちろんだ。君には、市民部お節介課の課長をお願いしたい」

野本は面食らった顔で聞き直した。

「ええっ…！　私が、お節介課長ですか…どうして」

平尾部長は真剣な表情で諭すように話した。

「君も知ってのとおり、お節介課は、市の政策の目玉である深井創生総合戦略の中心事業部だ。マスコミの影響もあり、市内外はおろか、県外からも注目を集めている」

「はい」

「しかし、お節介課の川口課長が8月29日に交通事故にあい、今も治療のために入院をしている。どうも治療は長期にわたりそうだ」

野本は心配そうに聞いた。

「そうでしたか…」

「幸い命には別状ないらしいが、それより注目されている課の課長が長期不在となればイメージダウンはおろか、議会からもつつかれる。特にお節介課の第2回目の婚活パーティを控えた今、課内も混乱しているようだ。そこで君に白羽の矢が立った」

野本は、課長昇進はありがたいが、庁内で厄介者扱いされている「お節介課の課長」という重さに不安を感じた。

「ありがたいお話ですが…どうして私に…そんなに目玉の部署ならもっと優秀な方が。特にベテラン課長がされるほうがいいのではないでしょうか」

扇市長が答える。

「君は企画力がある。明日から向かってもらうアルファー市の姉妹都市提携には脱帽した。また、部下の面倒見がいいのも聞いている。お節介課にはぴったりの人材だ」

扇市長はまた笑みを浮かべた。

「はあ、お節介すぎましたか…」

　野本は励まされてつられて笑顔で答えた。

「君が不安がるのはわかる。確かにお節介課は新設の部署であり、反対する議員も多いのは事実だ。全力でサポートするので君にお願いしたい」

　野本はしばらく黙っていたが、意を決して答えた。

「わかりました。お受けします」

　扇市長は野本に手を伸ばし握手をした。

「よく決心してくれた。私も最大限の支援をするから心配しなくていい。早速だが、お節介課長のＩＤとパスワードを渡すので、せめて溜まっている案件をできる限り処理してほしい。これは川口君も了承済みだ」

　野本は戸惑いながらも返した。

「わかりました。一つ、お願いがあります。明日からのスイスのアルファー市との姉妹都市契約締結は代わりを立ててもらえないでしょうか」

市長は部長を見た。部長は表情を曇らせながら言った。

「君の気持ちはわかるが、今から代理を立てるのは日程的にもむずかしい。今回のアルファー市との姉妹都市提携は市にとっては重大な案件なのは君がよく知っていると思う。悪いが、出発前にできるだけお節介課の案件を処理してから出張に向かってほしい」

野本は渡されたIDとパスを眺めながら、これも自分に与えられた試練と思い返事をした。

「わかりました」

扇市長は頭を一度下げ言った。

「無理をお願いしているのは重々わかっている。着任は帰国後の9月10日だが、市長の許可をとって今日からお節介課の課長として権限を与える。庁内にも今から人事通知を発信する。思う存分やってくれ」

横に座っていた横石課長が初めて言葉を発した。

「よろしく頼む」

そのあとすぐに隣の会議室に移り、現状の仕事の引継ぎを横石課長に行った。

しかし、横石課長は聞き流すかのように、うなづきながら最後に言った。

「まあ、同じ庁内だしわからないことがあったら聞きに行くよ」

課長に引き継いでいる間に周りはどっぷりと暗くなっていた。

野本がフロア下のお節介課に入ったころには、すべての職員は退庁していた。

「もう21時だもんな。」

そう言って、課長席に座りメールを開けた。

野本はこれから成田空港行きのバスに乗らなければならない。

案件処理に充てられるのは1時間ほどしかない。

できるだけ処理をしてからスイスに向かおう、すでに電気がほとんど落ちている庁内で野本の熱意だけが周りを明るく照らしているようだった。

もう一度確認します。

【現在の日時】
20XX 年 9 月 3 日（月）20 時 00 分

【退出まで】
　あなたはこの部屋を 21 時 00 分には退出しなければなりません（つまり、60 分の間に案件を処理しなければなりません）。

【登庁不可】
9 月 4 日（火）から 9 月 9 日（日）
（以前から決まっていた海外視察に参加するため）
※研修中は外部との連絡を一切とることができません。

【次回登庁日】
20XX 年 9 月 10 日（月）

以上の環境と自分の置かれている状況を把握した上で、これからの案件処理に当たってください。

インバスケット問題

では、ここから時間を計測しながらインバスケットに挑戦してください。
時間は60分です。

※当問題は株式会社インバスケット研究所が独自に開発したものです。
※当問題を複写・複製・転載することは著作権上禁じられております。

資料1　深井市行政組織機構図

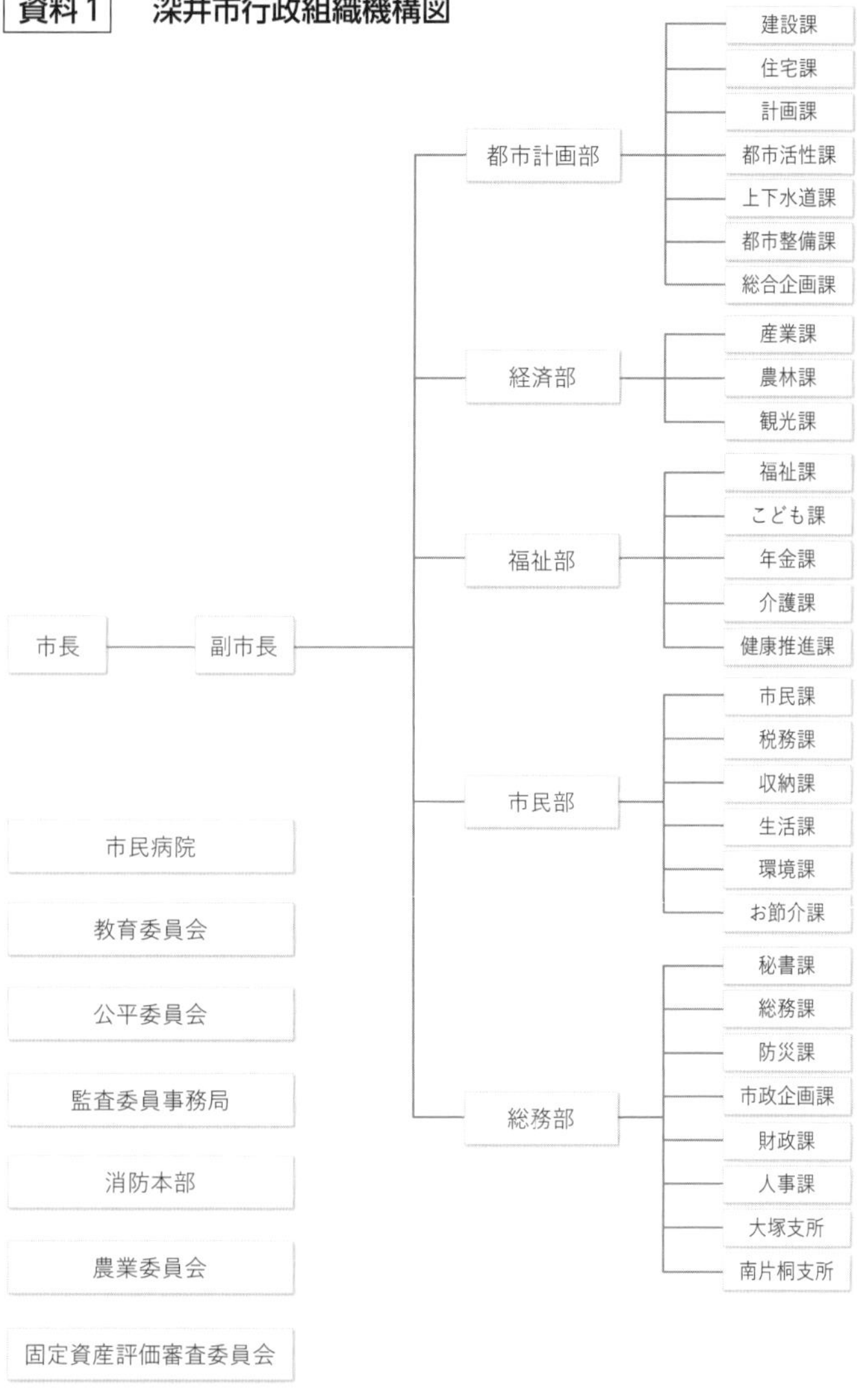

資料２　お節介課組織図

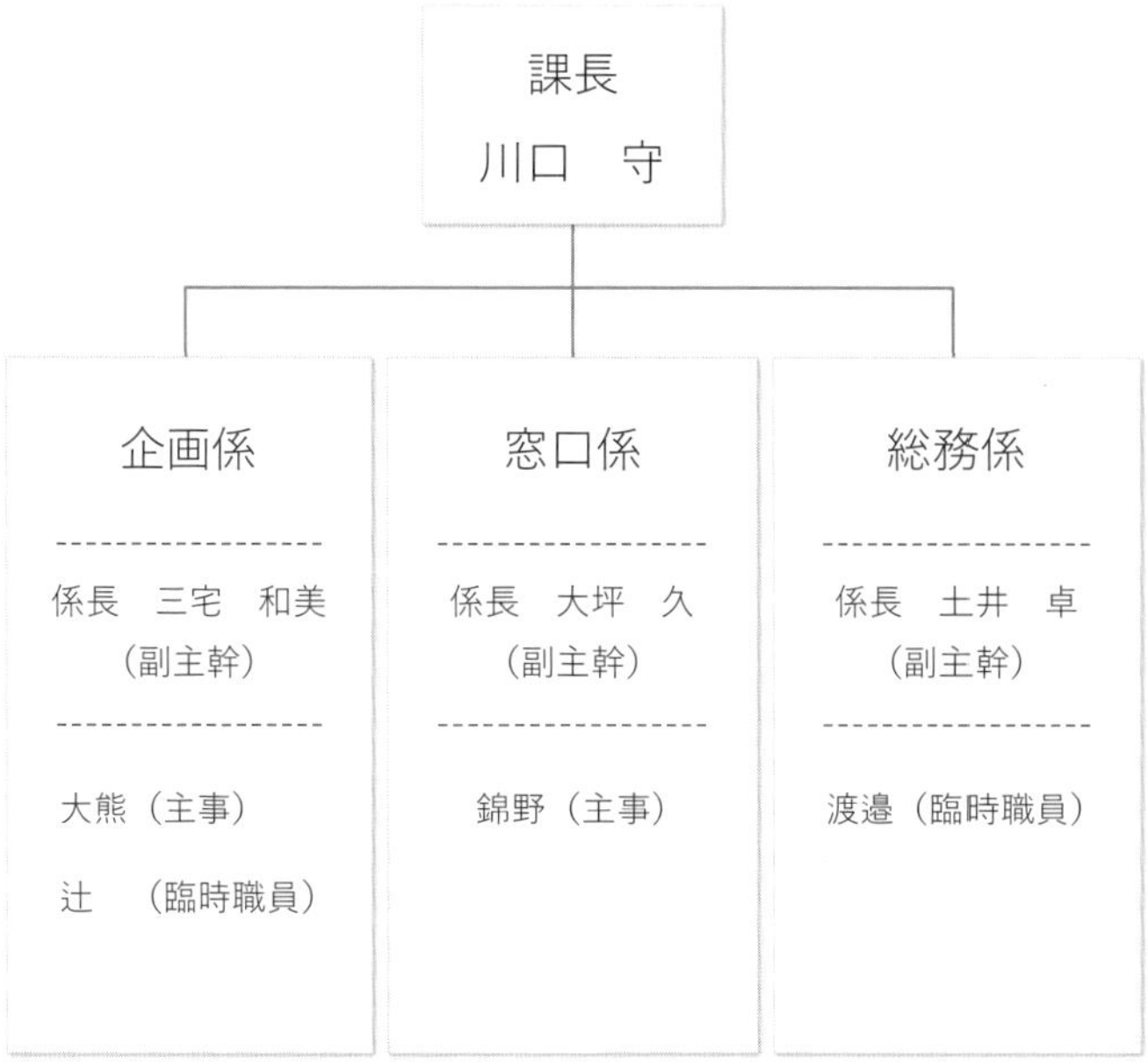
課長
川口　守
企画係
係長　三宅　和美
（副主幹）
大熊（主事）
辻　（臨時職員）
窓口係
係長　大坪　久
（副主幹）
錦野（主事）
総務係
係長　土井　卓
（副主幹）
渡邉（臨時職員）

〔単位：人〕

順位	市町村	人口	順位	市町村	人口
21	下我妻町	13,381	31	川陽村	3,592
22	甘倉町	12,912	32	高波村	3,558
23	世田谷町	11,174	33	北牧村	1,824
24	鈴和町	11,077	34	神山町	1,793
25	由恋村	9,673	35	下野村	1,171
26	鳴和村	7,232	群馬県		
27	上乃田町	7,044			1,958,409
28	梅津町	6,375			
29	荻野原町	5,386			
30	片国村	4,197			

〔単位：％〕

順位	市町村	人口増減率	順位	市町村	人口増減率
21	荻野原町	-1.23	31	下我妻町	-2.32
22	深井市	-1.25	32	上乃田町	-3.70
23	飯川市	-1.39	33	下野村	-3.94
24	柳生市	-1.44	34	神山町	-4.58
25	倉橋町	-1.54	35	北牧村	-4.85
26	高波村	-1.58	群馬県		
27	片国村	-1.76			-0.41
28	梅津町	-2.01			
29	東乃条町	-2.11			
30	きのした町	-2.26			

資料3　深井市人口推移

市町村別人口

順位	市町村	人口	順位	市町村	人口
1	道崎市	370,176	11	富田市	48,799
2	上橋市	334,718	12	深井市	47,468
3	細田市	221,403	13	小泉町	41,956
4	瀬野崎市	209,895	14	今村町	36,432
5	柳生市	111,554	15	能楽町	26,248
6	飯川市	76,552	16	吉宮町	21,577
7	啓林市	75,420	17	きのした町	18,541
8	藤波市	64,679	18	東乃条町	16,222
9	安本市	57,097	19	倉橋町	14,600
10	あおの市	50,378	20	榛名村	14,305

市町村別人口増減率

順位	市町村	人口増減率	順位	市町村	人口増減率
1	小泉町	1.21	11	今村町	-0.52
2	吉宮町	1.16	12	あおの市	-0.69
3	榛名村	0.39	13	鳴和村	-0.69
4	細田市	0.37	14	富田市	-0.83
5	瀬野崎市	0.36	15	藤波市	-0.85
6	上橋市	-0.21	16	啓林市	-0.90
7	道崎市	-0.21	17	世田谷町	- 1.00
8	鈴和町	-0.30	18	川陽村	-1.13
9	由恋村	-0.31	19	甘倉町	-1.16
10	能楽町	-0.31	20	安本市	-1.22

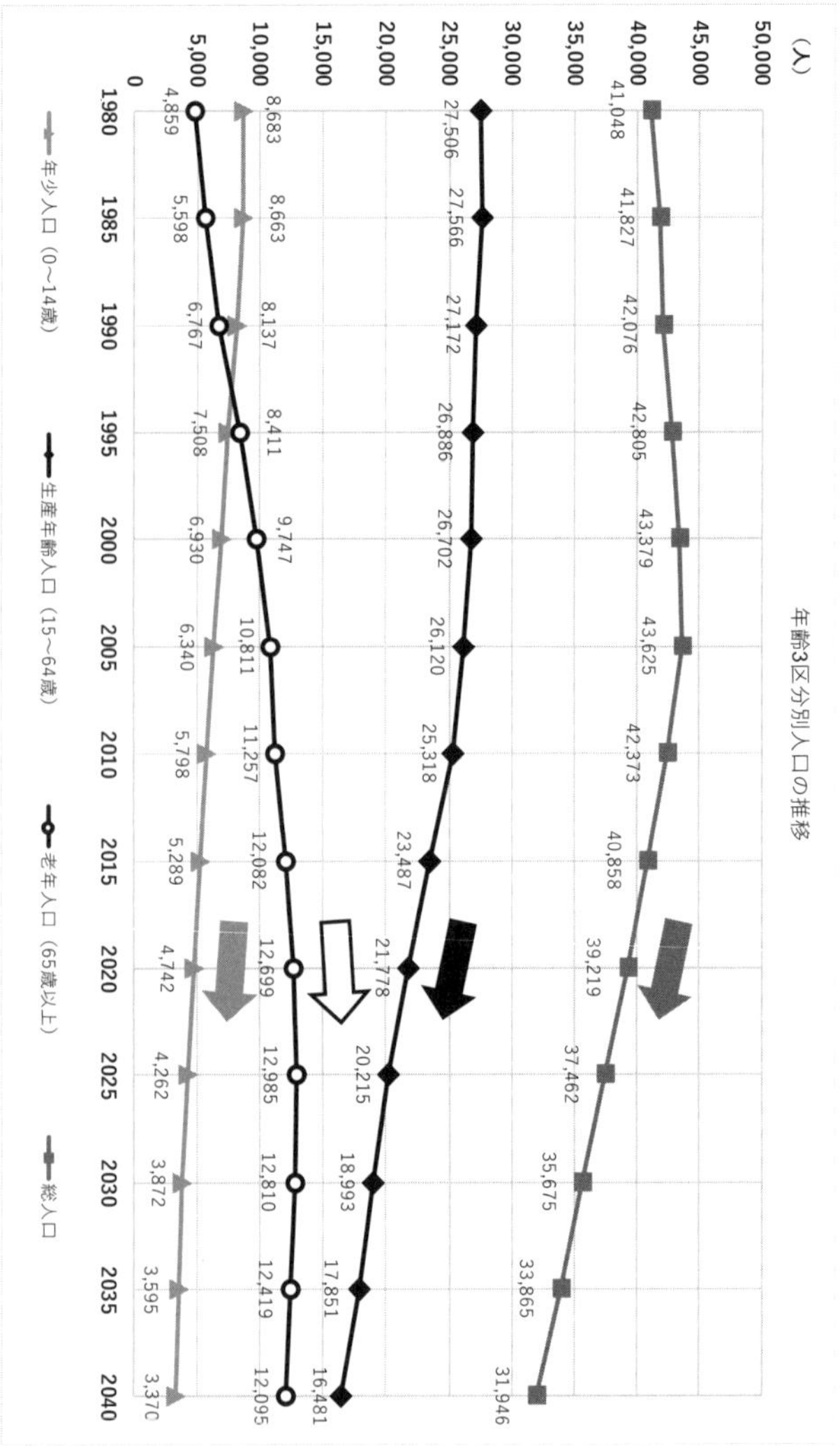
年齢3区分別人口の推移
（人）
年少人口（0～14歳）
生産年齢人口（15～64歳）
老年人口（65歳以上）
総人口

資料4

朝新聞　地域　20XX年　6月21日（木曜日）

婚活、お節介します！

市役所が完全サポート

深井市は20日、市民の婚姻率向上を目的とした「お節介課」を開設した。これは、縦割り組織である従来の市役所婚活支援を見直し、出会いから結婚式の手配、新居の案内などまで、一貫した支援を市役所が提供する全国初の試みだ。

深井市では、婚姻率向上のための婚活パーティ開催などは、従来から行っていた。しかし、同市の婚姻率は全国でワースト10に入るほど悪化し、人口減少に歯止めがかからないという課題を持っていた。

そこで、現市長の荻野幸三氏が「婚姻率を倍増させる」と公約に掲げ、前職市長を破り当選、鳴り物入りで立ち上げられたのがお節介課だ。

荻野市長は、結婚を希望する市民に対して業務範囲を限定せず、出会いから新居探し、その後の生活設計まで支援することで「日本で一番結婚しやすい市」をアピールしたい考えだ。

早速、8月18日に第一回納涼婚活パーティが開催される。「すでに定員オーバーだが何とかしたい」とお節介課の川口課長は嬉しい悲鳴を上げる。

市民からは「若い人が増えて街が活性化する」という声がある一方で、「高齢化対策に予算を使うべきでは」との声もあり「お節介効果」が注目される。

人口減少に苦しむ、地方都市の課題と対策を討議する

総務省が来月発表予定の、住民基本台帳に基づく20XX年1月1日時点の人口動態調査に向けて、群馬県南部に本部を置く人口減少防止委員会（水上順子会長）は、18日に第六十九回総会を開催した。

資料５　深井市プロフィール

いつか訪れたような懐かしい街　深井市

群馬県北部に位置する市。江戸時代は深井藩の城下町だった。

【歴史】

1954 年　深井町　市夫村　南大月村が合併して発足
1958 年　西大井村を編入
1965 年　山添村を編入

【名所・旧跡・観光スポット・祭事・催事】

深井神社　雷様伝説の発祥の地

深井地蔵祭り

【市政】

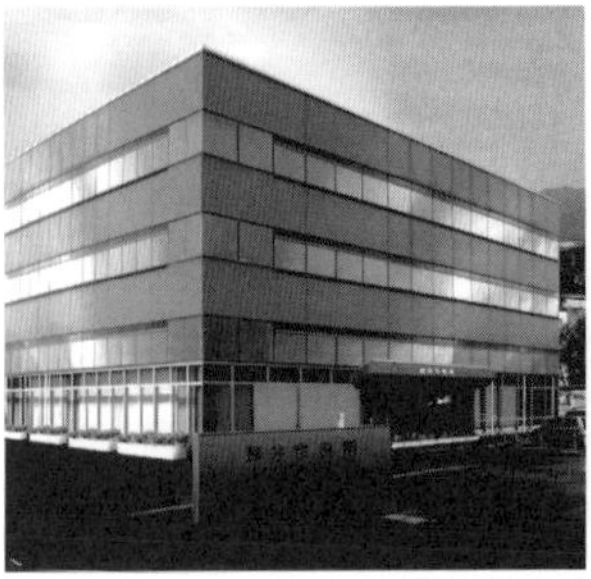

深井市役所

深井市全景

資料6

20XX年度 決算状況

一般会計
歳入 219億5,753万円
歳出 211億4,237万円

問い合わせ　財政課財政係 ☎ 内線4912

第3回深井市議会定例会において、20XX年度一般会計の歳入歳出決算が認定されました。歳入は219億5,753万円、歳出は211億4,237万円です。内訳はグラフのとおりです。金額は万円単位にしたため端数処理をしています。

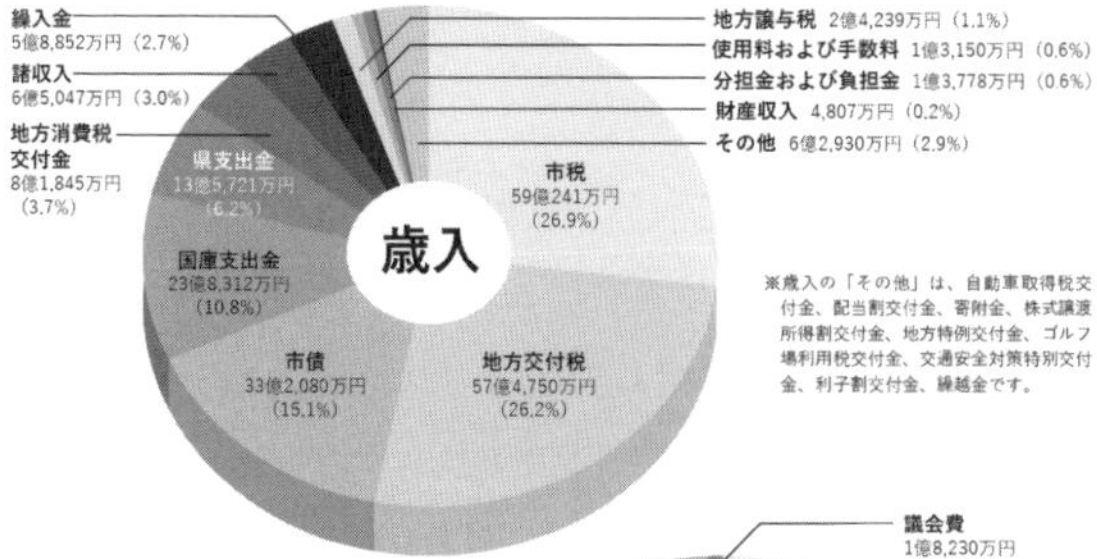

※歳入の「その他」は、自動車取得税交付金、配当割交付金、寄附金、株式譲渡所得割交付金、地方特例交付金、ゴルフ場利用税交付金、交通安全対策特別交付金、利子割交付金、繰越金です。

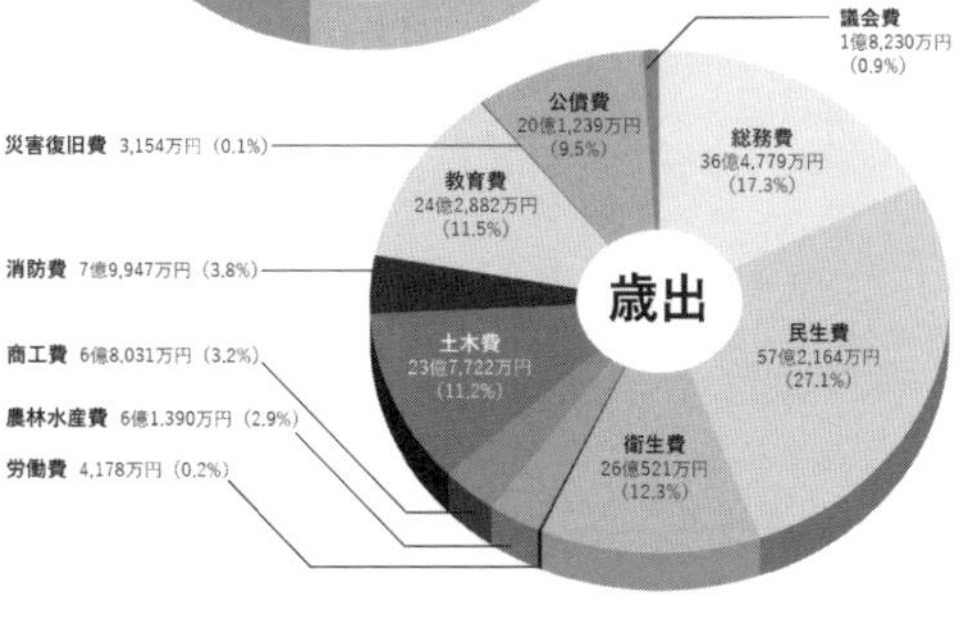

市民1人当たりの歳入と歳出
歳入　46万2,575円
歳出　44万5,403円

1世帯当たりの歳入と歳出
歳入　101万7,666円
歳出　97万9,886円

人口　47,468人
世帯　19,992世帯
※20XX年3月31日現在の住民基本台帳による

案件1

差出人	お節介課　総務係　土井係長
題名	ご挨拶
宛先	お節介課　川口課長
CC	
送信日時	20XX年9月3日　17：36

野本さま
総務係の土井でございます。

きっとこのメールをご覧になると思い、川口課長のメールにお送りしました。

今後お世話になります。

野本さまの噂はかねがねお伺いしております。

市民と最も距離が近い当課だからこそ、今回の人事異動だったのではないかと推察しております。

私は来年で定年退職する身ですが、それまでは微力ながら私もお手伝いさせていただきますのでよろしくお願いします。


早速ですが来月10月21日に行われる「紅葉婚活パーティ」の開催についてご判断を仰ぐことになると思います。

後程担当から相談させていただきます。


なお、深井市工商会青年部の部長の石原氏が野本さんの着任日の9月10日当日午前10時からご挨拶に伺いたいとのことです。もしよければそのあと、料亭玉ノ井で懇親を兼ねたランチのお誘いも伝えてほしいと言付かっております。


予約の都合があるのでご予定をご教示ください。

よろしくお願いします。

案件2

差出人	市民部　市民課　荻窪課長
題名	ご依頼
宛先	市民部　お節介課　川口課長
CC	
送信日時	20XX 年9月3日　9：45

荻窪です。

いよいよ年一回の深井市民祭りが 10 月 21 日の開催まであとわずかになりました。

今年は大塚議員にご紹介いただいたパフォーマーの大槻たつじさんのライブや、自衛隊車両展示などの目玉企画も目白押しで、昨年の 1.6 倍の来場者数を見込んでおります。


しかしながら、新しい企画が増えたのに伴い警備と案内人員が不足し、かつ外部に委託する予算もございません。

市長からは市の職員総動員で対応するようにとご指示をいただいております。


そこで、お節介課からは 10 月 19 日から 10 月 22 日まで4名の応援をお願いします。

何らかのアクシデントがあっても対応できるように、係長クラスの職員を人選していただくとありがたいです。


お忙しいと思いますがよろしくお願いします。

なお、市民祭り警備会議を9月7日 13 時から会議室 211 で行いますので応援者の方は参加ご連絡お願いします。

案件3

差出人	市民部　星部長
題名	市長からの指摘
宛先	市民部　お節介課　川口課長
CC	
送信日時	20XX年8月31日　11：03

川口さん

市長から緊急の呼び出しを受けました。
内容は、10月に行う紅葉婚活パーティの件です。
先月の定例報告会では市長から了承を取り付けています。
その内容について
1．オリジナリティが足りない。
2．至急企画を練り直してもらいたい。
3．部長会議までに47都道府県の状況と比較の上、報告をいただきたい。
と指示を受けました。
それとは別件でノーマライゼーションの観点から高齢者向けの施策等を講じるべきだと錦戸議員からご指摘がありました。人口の半分以上を占める団塊の世代の定住率を高めるほうが喫緊の課題だというのが私の見解です。

あなたの考えをぜひ聞かせてほしいものです。

案件4

差出人	お節介課　企画係　大熊主事
題名	納涼婚活パーティ結果について
宛先	お節介課　企画係　三宅係長
CC	お節介課　川口課長
送信日時	20XX年8月29日　14：29

前回の婚活パーティ結果についてですが、以下のとおりです。
参加者：男性　12名
　　　　女性　24名
成立　　3カップル

参加者は定員30名に対して参加者36名と盛況でしたが、ほとんどの方が婚活パーティ初参加のうえ、男性は男性グループ、女性は女性グループとなり、男女間の会話がなかったことがカップルになりにくかった原因です。


そもそも、出会いの前に基礎的なコミュニケーションの整備が必要と思います。

自分の農園の話ばかりする人だとか、口論する人が散見されました。

そこで、僕がコミュニケーション教室を開き、会話術を参加者に教えたら、もっとカップリング率が上がると思います。

もちろん報酬は頂きません。

週3回の隣町の会話教室で勉強したいと思います。

全額とは言いませんが、市から補助出ないでしょうか？

案件5

差出人	議会事務局　丸尾課長
題名	視察の申し込みについて
宛先	市民部　お節介課　川口課長
CC	
送信日時	20XX 年 8 月 31 日　15：42

以下申し込みがありましたので可否の連絡を関係部署と連携しながら貴部署より対応願いたい。

1．神奈川県神田市市役所より　担当　市民文化課　奥西様
　10 月 21 日　9 時より 23 名
　婚活パーティ会場の視察と説明をお願いします

2．大分県葛葉郡村田村議員団より　担当　山本議員
　10 月 21 日　13 時より 8 名
　市役所内及び婚活パーティ会場視察希望

3．北海道美方郡支陸村議員団より　担当　木下様
　10 月 21 日から 23 日の間で　4 時間ほど 4 名
　婚活パーティの取り組みと実際の会場視察したい

念のために共有しますが、受け入れのための経費はほとんど残っておりません。しかし、神田市市役所は奥田議員の紹介だとおっしゃっていました。

案件6

差出人	深井市副市長　荻野　幸三
題名	職員の綱紀粛正および服務規律確保の徹底について
宛先	深井市役所全職員
CC	深井市長　扇　健次郎
送信日時	20XX年9月3日　10：23

職員各位

添付資料を確認願います。

添付

深総第2004号

職員各位

副市長　荻野　幸三

職員の綱紀粛正および服務規律確保の徹底について（通達）

平素から職員の綱紀粛正および服務規律確保については教育や研修を通じて、また機会あるごとに注意を喚起し特段の努力を求めているところである。
しかしながら、勤務中に飲酒しさらに酒気帯び運転で検挙される事案が、県内他自治体で相次いでいるのは遺憾である。

万が一、当市で同様の事案が発生すれば市民からの信頼を裏切り、市役所の信用が失墜することは避けられない。

この機に職員全員が一丸となりさらなる綱紀粛正に努めるように、全職員に周知徹底する。

案件7

差出人	市民部　星部長
題名	FW:【親展】対応依頼
宛先	市民部　お節介課　川口課長
CC	
送信日時	20XX年8月30日　17：44

内密に指導を実施ください

---------------------- 以下転送元メール ----------------------

差出人	総務部　人事課　杉村課長
題名	【親展】対応依頼
宛先	市民部　星部長
CC	
送信日時	20XX年8月30日　16：58

星部長殿

昨今、ハラスメント事象に対して当課でも教育を含めて、関係部署との連携を進めているところでありますが、もし当該事案が発生した場合は人事より事情聴取および照会をさせて頂く可能性がありますので、事実確認と報告書を提出していただくことが必要になります。

上司が部下に対して「使えない」「役割を認識しろ」などの言動も事案として取り上げられている前例があるところであります。

と申し上げますのは、昨日市民部お節介課の臨時職員（匿名）より相談が入り上司からパワハラを受けているとの事案があり、可及的速やかに対処いただくようお願いしたい所存です。

案件8

差出人	お節介課　企画係　三宅係長
題名	【お伺い】ご判断お願いします
宛先	お節介課　川口課長
CC	お節介課　企画係　大熊主事
送信日時	20XX年8月29日　13：14

次回の婚活パーティの二次会会場候補が大熊主事から上がってきました。

私はこのような施設はほとんど利用したことがございませんので、風紀と健全性の観点からこの中から選出お願いします。

・カラオケボックス　ヤングナイト　一人当たり2,000円〜
・カフェバー　華竜　一人当たり3,000円〜
・喫茶　馬籠　一人当たり1,500円〜

大熊主事は馬籠を勧めていますが、店内が狭く古いです。また、西川議員からはご自身の行きつけのヤングナイトを強く勧められております。しかし、個室になるので男女間のトラブルなどのリスクがあります。華竜は予算オーバーです。

案件９

差出人	お節介課　窓口係　大坪係長
題名	錦野主事の件
宛先	お節介課　川口課長
CC	
送信日時	20XX 年 8 月 30 日　15：06

課長殿

錦野主事から 10 月 18 日から 10 月 23 日まで有給休暇を取りたいと申し出あり。

結論から言うと却下するべきかと。

理由は 10 月 21 日に第二回婚活パーティがあるからです。

窓口とはいえ応援に行くのは当然と考えます。また関係部署からの非難も予想されるためです。

本人には自身の役割をしっかりと認識するように指導していますが、本人は、すでにパック旅行に申し込んでおり、キャンセル料が発生するなどと言い訳をしております。

課長から指導お願いできないでしょうか。

案件10

差出人	MCK 放送　社会部　大塚誠
題名	取材のお願い
宛先	お節介課　川口課長
CC	
送信日時	20XX 年9月3日　13：52

MCK 放送社会部です。

貴部署のイベント「紅葉婚活パーティ」のホームページをみて連絡させていただきました。

当日の様子をニュース 17 という番組の特集「婚活氷河期」の中で取り上げさせて頂きたくご連絡させていただきました。

お受けいただける場合には打ち合わせに9月7日に伺いたいと思います。

ご返信お待ちしております。

案件11

差出人	福祉部　介護課　吉川課長
題名	【親展】ご相談
宛先	市民部　お節介課　川口課長
CC	
送信日時	20XX年8月31日　17：22

介護課の吉川です。

直接ご相談と思いましたが庁舎内だと誰が聞いているかわからないので、メールがいいかと。


実は当課の山本なつみ主事から何度か相談を受けています。

彼女の言い分では、貴課の大熊主事が親の介護の件で相談しにきて、なんどか助言をしているうちに、大熊さんから私的な食事の誘いを受けたとのことです。

そして先日は、紅葉婚活パーティに女性参加者が少ないので参加してくれないかと依頼を受けたとのことです。


彼女は断り方に苦慮し、数日眠れないそうです。

川口さんから大熊さんに付きまとわないように対処していただけないですか？


なお、本人からは内々にしてほしいと言われております。

案件12

差出人	KY ハッピーコンサルタント　柿沢
題名	【ご報告】紅葉婚活パーティの件
宛先	深井市役所　お節介課　企画係　係長殿
CC	深井市役所　お節介課　川口課長
送信日時	20XX 年 9 月 2 日　9：35

お世話になります。
KY コンサルの柿沢です。
紅葉婚活パーティの集客苦戦されているようですね。
私のほうで女性参加者 6 名を確保しました。
謝礼金は前回同様一人 5000 円です。
私の助言不足もあるので今回も当社で負担いたしますのでご心配には及びません。

大事なのは成婚率アップです。
しかしながら前回のように、あれだけマスコミなどで騒がれると、参加者が参加しにくくなっています。

今度はあまり派手に宣伝をされず、クローズ気味にされるのはいかがでしょう。
例えばプロフィールカードに記入する項目を減らしたり、外部の見学者をシャットアウトしたりするのも一つの方法です。

参考にしてください。

案件13

差出人	経済部　観光課　野木係長
題名	【重要・緊急】クリアファイルの引き取り依頼
宛先	全課長；全部長
CC	
送信日時	20XX 年９月３日　11：17

観光課の野木です
ご苦労様です。

先日会議でもご依頼しましたクリアファイルの引き取りですが、まだ700枚ほどあります。期限は９月６日とさせていただきます。

このクリアファイルは印刷業者が電話番号をミスプリントしたもので、庁内のみの使用とします。
先着順としますので予めご了承ください。

案件14

差出人	お節介課　総務係　土井係長
題名	当部署の業務範囲について
宛先	お節介課　川口課長
CC	
送信日時	20XX年8月30日　16：38

課長殿

先日ご相談した件ですが、先ほども大坪係長より相談を受けました。
やはり、当課の業務範囲を明確に定めたほうがいいと思います。
人的にも予算的にも、私たちにも限界があるなかで、市民へのアカウンタビリティも必要です。

素案段階ですが、
・結婚相談や婚活パーティの実施
・新生活支援業務は担当窓口の紹介（住宅関連は住宅課など）
・SNSやホームページでの情報発信
この三つに絞る形で係長同士は合意しています。

よろしければ次の定例議会での議案作成と関係部署への調整を始めたいと考えていますが課長のご意見をお聞かせください。

土井

案件15

差出人	お節介課　企画係　三宅係長
題名	FW: お礼とご報告
宛先	お節介課　川口課長
CC	
送信日時	20XX 年８月 30 日　17：27

これはルールを逸脱するのではないかと危惧しています。

式場選びで職員が特定の営利組織をあっせんするのは条例でも禁止されていますし、家計の相談などは市の生活困窮者自立支援事業条例で定められた資格を持った人間が行うべきです。

したがって市長からの口頭注意をもって処分と考えております。


-------------------- 以下転送元メール --------------------

差出人	yulily4912@ratmail.com
題名	お礼とご報告
宛先	深井市役所　お節介課　企画係　三宅係長
CC	
送信日時	20XX 年８月 29 日　19：56

お節介課のみなさま

お忙しいところイベントを企画して下さり、ありがとうございました。

杉本裕理です。

参加者の方と婚約する運びになりました。

これもひとえに大熊様はじめ皆様のサポートがあったからでお礼申し上げます。

婚活パーティ後の相手への接し方指導や農家カフェの紹介と予約など、今まで異性と付き合ったことがない私にとってはありがたかったです。


ご提案いただいたとおり、相手方のご両親への挨拶や新居選び、式場選び、家計の件など様々な相談をさせて頂くかと思いますが、ご支援いただければ幸いです。

取り急ぎお礼とともに送信します。

※パーティは楽しかったですが、あれだけギャラリーが多いと少し気になりました。今後の参加者のために参考です。

案件16

差出人	お節介課　窓口係　大坪係長
題名	公聴会での意見
宛先	お節介課　川口課長
CC	
送信日時	20XX年8月31日　10：09

課長殿

公聴会で当課に対し市民からの意見あり。
内容は以下のとおり。
結論から言うと福祉課が対応する案件との見解に至る。

申し出者　　大宮野木子
私は本当に不快です。
なんですか。あの態度は。信じられません。
今日の窓口の対応には全く納得できません。
息子が47歳で19年間引きこもっているから結婚は難しいと一刀両断。
引きこもりを異常者扱い。
もう不快すぎて、腹が立つので、メールしました。
誠意ある回答を求めます！
市長にも訴えます！
また、法的措置も検討します！

案件17

差出人	お節介課　窓口係　錦野主事
題名	【親展】ご相談の件
宛先	お節介課　川口課長
CC	
送信日時	20XX年8月30日　11：41

先日ご相談した配置転換の件はいかがでしょうか？

今日も大坪係長から理不尽なことを指示されました。
「時間内で終わらせるのが仕事である」
自分はダラダラと仕事をしておきながら、他人に無理を求めるのはもう付き合い切れません。

私はもともと市政企画課での企画業務だったので、そちらに戻していただきたい。

案件18

差出人	お節介課　総務係　土井係長
題名	応援依頼の件
宛先	お節介課　川口課長
CC	
送信日時	20XX 年８月 29 日　13：39

総務係の土井でございます。

仰せつかった紅葉婚活パーティの応援人員調整の件ですが、当日、深井市民祭りもありまして思うように人員が集まっておりません。

必要応援人員９名に対し、２名のみとなっており、うち１名は１時間ほどしか手伝えないとのことです。


ご期待に沿えず申し訳ございません。

私でよろしければ当日ボランティアとしてお手伝いいたしますがいかがでしょうか？


それともう一つ危惧されるのが集客です。

目標人数 60 名に対し現状５名の申し込みしかありません。

大熊主事が前回参加者を中心に強力に参加を依頼していますが
10 名を切る場合は延期か、中止も視野に入れるべきかと老婆心ながら考えています。
後程担当から相談させていただきますのでご検討お願いします。

案件19

差出人	お節介課　企画係　三宅係長
題名	会場申し込み決裁の件
宛先	お節介課　川口課長
CC	
送信日時	20XX 年 8 月 31 日　15：54

入札できまった紅葉婚活パーティの会場より催促が来ています。
以前からお伺いしていますが、結論をお聞かせください。

ちなみに現状参加者が 6 名（女性 4 名、男性 2 名）となっています。

桜の間　（定員 60 名）　一日部屋料　30 万円　料理代一人当たり　5 千円

契約では 9 月 5 日までに決めないと部屋料、料理代ともに 100％かかります。
ご判断ください。

また 12 月の婚活パーティは実施でしょうか？
今回の紅葉婚活パーティで当期の予算を使い切りますので、12 月分の 150 万円は補正予算を申請しないと間に合いません。
合わせてご判断ください。

案件20

差出人	錦戸議員
題名	９月議会での質問について
宛先	お節介課　川口課長
CC	
送信日時	20XX 年８月 31 日　16：12

いつもお疲れ様です。

９月議会で質問をしたいので事前にメールしておきます。

マスコミなどで勢いづいているお節介課の活動ですが、私はもともと市でやるべきではない活動と考えています。


そこで次回議会ではその必要性を問いたいと考えています。

１．　実績と効果（前回婚活パーティの成功率と動員数、参加者の定住率、今まで使った経費の一覧、紅葉婚活パーティの見込みと経費額明細）
２．　満足度を調べたならその結果
３．　既婚者や商用悪用目的の利用者の対応
４．　今後の方針

9月 10 日（月）が議会の初日で、初日からの質問となるとのこと。

7日（金）には、どんな答弁になるか知らせてください。

なお、９月１日には、正式に議会事務局に提出するつもりです。

２日・３日と会派の研修ですので、詳細を聞きたければ、４日以降となります。

第３章

インバスケット問題の解説

案件１

「はじめてのご挨拶」

差出人	お節介課　総務係　土井係長
題名	ご挨拶
宛先	お節介課　川口課長
CC	
送信日時	20XX 年９月３日　17：36

野本さま
総務係の土井でございます。

きっとこのメールをご覧になると思い、川口課長のメールにお送りしました。

今後お世話になります。

野本さまの噂はかねがねお伺いしております。

市民と最も距離が近い当課だからこそ、今回の人事異動だったのではないかと推察しております。

私は来年で定年退職する身ですが、それまでは微力ながら私もお手伝いさせていただきますのでよろしくお願いします。

早速ですが来月 10 月 21 日に行われる「紅葉婚活パーティ」の開催についてご判断を仰ぐことになると思います。
後程担当から相談させていただきます。

なお、深井市工商会青年部の部長の石原氏が野本さんの着任日の９月 10 日当日午前 10 時からご挨拶に伺いたいとのことです。もしよければそのあと、料亭玉ノ井で懇親を兼ねたランチのお誘いも伝えてほしいと言付かっております。


予約の都合があるのでご予定をご教示ください。

よろしくお願いします。

あなたの考えに近い選択肢はどれですか。

A	了解したと伝える
B	土井に今後の協力を依頼し、石原氏の訪問は再度日程調整を依頼する
C	婚活パーティの件について自分は来たばかりなので一任する
D	土井に挨拶をし、石原氏の訪問を歓迎すると答える。石原氏の訪問に備えて、関係者に調整をさせる

回答欄

案件１　「はじめてのご挨拶」

▼リーダーとしての当事者意識

当事者意識とは **〟主体的に案件に関わる〃** という側面と **〟自らの役割に求められることを察知する〃 という２つの側面**があります。

今回、あなたはお節介課の課長に就任するわけですから、お節介課の課長という役割に何を求められているのかを考えなければなりません。

そうしたときに課長として大きな問題に対してどのような方向性で処理をしなければならないかをメンバーに掲示する必要があります。

もちろん、情報が少ないですし、今回の案件にはあなた自身は関わっていないのは事実です。

しかし、その部署のリーダーになったということは、その部署で起きていることはあなたの持ち物になったということです。

ですから傍観的に「誰かがやってくれるだろう」という意識ではなく、**積極的に案件処理に関わっていく姿勢が求められます**。

当事者意識の観点からは選択肢BとDが主体的に関わっていると言えるでしょう。ただし、お節介課長としてやるべきことを意識しているのであれば、お節介課が今どのような問題を抱えているかを整理しなければなりません。

婚活パーティの方向性やコンプライアンス問題、議員からの質問など重要案件があるので、課長としては表敬訪問を受けるのか、それとも諸問題の解決やチームの方向性摺合せに力を入れるのかという観点からはBの選択肢を選びたいところです。

選択肢にはありませんでしたが、リーダーとしての当事者意識を表すという観点からは、自らの考えをメンバーに表明するという行動も評価されます。

これは、自分がリーダーとして着任したという事実と、これからどのようにしていきたいか未来のあるべき姿をメンバーに伝えるという行動です。

つまり、**「私はリーダーとしてこの部署を○○したい」と表明することです。**

仕事は当事者意識を持つと楽しくなります。

実際の業務でも当事者意識が発揮されているか是非チェックしてみてください。

▼支援体制構築【計画組織力】

一つの部署の上司になると、活用できる人的支援は部下だけではありません。

周りの組織や外部機関や取引先、時には自分の上司も活用することができます。

これをインバスケットでは「**計画組織力**」と呼んで評価しています。

組織を十分活用できていないリーダーは、自分の仕事を自部署で完結させようと部下に業務を集中させますが、部下にもキャパがありますし、これでは**十分に組織を活用しているとは言えません。**

組織の中にはいろいろな機能を持った部署もありますし、経験を積んだ人材もいるものです。

私は前職でスーパーの本部人員として店舗支援や指導をしていました。

店舗から応援や支援の要望が舞い込む仕事だったのですが、10店舗あれば10店舗の店長から均等に要請があるわけではありません。

おおよそ2、3店舗の店長が全体の8割の要請をしてくるのです。

つまり、**本部をうまく使う店長は全体の2割くらいで、あとの8割は無理難題でもなんとか自部署内で完結させようとしているのです。**

もし、あなたが店長ならどちらのタイプでしょうか？


もっとも本社や本部、周りの部署にやたら要請するだけの店長は、逆に支援を受けることはできません。本社スタッフはその店長の部下ではありませんし、私も様々な業務を抱えているからです。

支援するかしないかは、業務の必要性がない限りは相手が判断することです。

ですからたいして必要性もない業務や本来自分たちでしなければならない業務を、当たり前のように依頼してきたりしても支援しない場合もあるわけです。

こんな時に必要なのは**信頼関係の構築**です。

支援体制を構築している上司は、用がなくても支援を要請する部署とコミュニケーションを欠かしません。

「ああどうも、いつもありがとうございます」

私が本社にいたときに、別の用事で本社に来た店長がこう声をかけてくれます。

これが一流の組織活用術です。

今回の案件では組織内部のキーパーソンと思われる土井係長に支援を要請しているBの選択肢が支援体制を構築している行動が入っています。

選択肢にはありませんが、さらに支援体制を構築する行動を取るのであれば、上司に対しての支援の要請や、関係部署への支援体制を構築することは計画組織力として評価されます。

実際の業務で気をつけていただきたいのは、支援体制の前提条件となる信頼関係の構築です。

周りの部署や上司、そして取引先などもすべて人間です。

人間は感情で決める動物だと理解して、いざというときのために、信頼関係の構築を明日からコツコツと始めましょう。

また、組織を活用するには、常に外部を意識することも重要です。組織のリーダーに抜擢されるとつい自分のチームばかり気になってしまいますが、外部もよく観察しなければなりません。

インバスケットの問題に挑戦していただきましたが、その際に資料として組織図がついていましたね。これは貴重な情報源です。

組織図はいろいろな組織がどのような体制で配置されているか、また、どのような指示系統や情報の流れを取るべきなのかを明確に示したものです。

着任してすぐに確認しなければならないのは、以下の３点です。

①　自部署がどの位置づけにあるか
②　サポート、支援を受けられる機能を持つ組織はどこなのか
③　報告や連絡のルートはどこなのか

そして、自部署を運営するにあたり、受けることのできるサポートや支援はどの組織にあるのかを把握し、その部署とは前述したように信頼関係を構築することが大事です。

多くの場合、組織として目指している目標は同じでも、部署によって価値観や考え方、ときには縦割り的な考え方やエゴイズムがあるものです。

すべてあなたの価値観や考え方と同様とは思わずに、**部署が違えば価値観や考え方が違うのを前提に、周りの組織と付き合うと良いでしょう。**

POINT

何を求められているか当事者意識を発揮する
仕事が円滑に進むための支援体制を日ごろから作っておく

案件２

「まさかのバッティング」

差出人	市民部　市民課　荻窪課長
題名	ご依頼
宛先	市民部　お節介課　川口課長
CC	
送信日時	20XX 年９月３日　９：45

荻窪です。

いよいよ年一回の深井市民祭りが 10 月 21 日の開催まであとわずかになりました。

今年は大塚議員にご紹介いただいたパフォーマーの大槻たつじさんのライブや、自衛隊車両展示などの目玉企画も目白押しで、昨年の 1.6 倍の来場者数を見込んでおります。


しかしながら、新しい企画が増えたのに伴い警備と案内人員が不足し、かつ外部に委託する予算もございません。

市長からは市の職員総動員で対応するようにとご指示をいただいております。


そこで、お節介課からは 10 月 19 日から 10 月 22 日まで４名の応援をお願いします。

何らかのアクシデントがあっても対応できるように、係長クラスの職員を人選していただくとありがたいです。


お忙しいと思いますがよろしくお願いします。

なお、市民祭り警備会議を９月７日 13 時から会議室 211 で行いますので応援者の方は参加ご連絡お願いします。

あなたの考えに近い選択肢はどれですか。

A	B	C	D
自部署のイベントと重なっているので、丁寧に断るように指示する	当日の応援は無理だが、前日や準備は応援できるので、日程を変えて応援を調整させる	市長の指示でもあるので応援を出すように指示する	回答期限を延ばし、自部署のイベントと市民祭りを合同でできないか検討させる

回答欄

案件2 「まさかのバッティング」

▼全体を関連づける【洞察力】

目の前の狭い範囲だけではなく、全体を見て判断することができる人は洞察力に優れた人です。

私たちは仕事をしているとつい狭い範囲で物事を判断しがちです。たとえば、海外旅行から帰ってきた人はよく「世界が変わった」という言葉を口にします。

あなた自身も、海外旅行や、普段行かないところに行くと、いつも見ている風景が違って見えることがあるのではないでしょうか。

何かの刺激を受けると見える世界がガラッと変わるのは、新たな「視点」が加わるからです。私たちの目は、まるでカメラのピントを合わせる機能がついているように、いろいろな景色を思いどおりに見ることができます。

しかし、**時間的制約や重要な仕事へのプレッシャーといったストレスや恐怖、あるいは環境への慣れなどがあると、視点は徐々に減ってしまいます。**まるで、テレビゲームに熱中しているかのように、視点はひとつに集中してしまい、周りも見えなくなってしまいますし、先も見えなくなってしまいます。

そのような状態に陥っている人の多くが、自分自身が狭い視点の中で仕事をし、生活をしていることに気づいていません。

「鳥の目、虫の目、魚の目」とよく言われます。

「鳥の目」は、上空から全体を俯瞰する目。「虫の目」は、現場でより深く見る目。

そして「魚の目」が、流れを読む目です。

今、どんな流れになっているのか。

リーダーはこの３つの視点で物事を見なければならないわけです。

今回の案件では、まず応援の日にちが自部署の婚活パーティと重なっていることに気づいていますか？　さらに、その婚活パーティの集客が苦戦しているのにあわせ、自部署のイベントも応援人員が確保できていないなどの事柄を結びつけると、違った案件に見えてきませんか？

つまり、**全体を把握し、関連づけることが大事なのです。**

選択肢ではAとBとDは他の案件を関連させて判断したといえるでしょう。

もちろん、Cを選ばれた方も、全体を把握したうえで判断したのなら洞察力が発揮されていると言えます。

ただ、案件2だけを見て判断をした方は、通常の業務でも目の前のことだけを見て判断する傾向があるかもしれません。

目の前のことだけで判断すると、長期的な利益が失われるだけではなく、あとになってその判断が大きな損失を生むこともあるのです。

洞察力を発揮するためには、余裕がなければなりません。

ですから、ぎゅうぎゅうの計画を作ったり、仕事が錐もみ状態になったと感じたら、みずから余裕を作り出すことが必要です。

▼WIN‐WINの関係【洞察力】

あなたはＷＩＮ‐ＷＩＮの関係という言葉を聞いたことがありますか？
これは**自分と相手がともに「勝ち」の関係**になることを意味します。

部署のリーダーになると自部署の利益を追求したくなるものです。

しかし、それを貫くと、あなたにとってはＷＩＮかもしれませんが、相手はＬＯＳＥになってしまいます。相手はあなたもしくはあなたの部署に対し敵意を持ったり、もう仕事をしたくなくなるかもしれません。

これではその場の利益は確保できても、長期的に見るとあなた自身も損失を被ってしまいます。

逆もダメです。

相手の主張だけを受け入れてしまうことは自己犠牲につながります。

例えば、本来あなたがするべきではない仕事を押し付けられて断り切れずに自分で仕事をやってしまう、そして抱え込むという状態は相手にとってはＷＩＮかもしれません。でもあなたにとってはＬＯＳＥなのです。相手が得して自分が損をしている、これではその関係も長くは続きません。

お互いがＷＩＮ－ＷＩＮの関係に持っていくには、必要以上の自己犠牲は悪であるということなのです。

相手も勝ち、あなたも勝つにはどうすればいいのか？

この発想が仕事を長期的にかつ安定的にうまく進めるには必要なのです。

この発想が含まれる選択肢はＤです。ＢもＷＩＮ－ＷＩＮの要素があり、Ｄのようにお互いがメリットを享受できるように進めるプロセスとしては評価できます。

仕事において私たちは自分たちの利益を追求しようとする傾向が強いのですが、相手にとってのメリットは何かと考え、その点を訴求することが大事なわけです。

このＷＩＮ－ＷＩＮは対外的な取引関係だけではなく、部下指導に対しても使えます。

例えば、部下に指示を出すときに、**指示の内容だけではなく、その指示を実行することによって得られる部下のメリット**も付け加えてあげるといいでしょう。

「今回の件は君がやりたがっていた仕事に応用できるんじゃないか」

このように言ってあげるだけで、部下がやらされ感を持たず指示を実行してくれるのです。

私たちは複雑な利害関係の中で仕事をしています。

だからこそ、どちらか一方が損をするという関係は避けなければなりません。

自分も勝ち、相手も勝つという状態をいつも考えなければならないわけです。

▼判断のタイミングを計る【意思決定力】

私たちは期限を設定されると、その期限は守らなければならないと感じてしまいます。それは子供のころから時間を設定されるとその時間は絶対だと教えられたからでしょう。５分前行動だとか、会議の時間に遅れてくると白い目で見られるのはその影響もあるでしょう。

もちろん、約束した期限は守らなければなりません。

しかし、判断の世界ではまず判断しなければならないのは、判断のタイミングであり、期限内に判断することではありません。

つまり、**判断の期限よりも判断の質を重視**しなければならないわけです。

例えば、私は採用面接などでは判断の質を重視します。期間内に誰かを採用すればいいというわけではなく、いい人材を選ぶ必要があるからです。

私はできるだけ多くの方と面接し、比較して決める判断スタイルを重視しているので、即採用という即決スタイルは取りません。

ただ、採用に応募される方を長期間待たせると、他社に行ってしまうリスクもあるので、いつまでに決定するかというタイミングを計るわけです。

今回のようにいつまでに決定をしなければならないと期限を定められている際に

とってほしいのが**「延期」という判断です。**

延期とは、判断期限が設定されている場合は、それを延長するという判断です。**リーダーの良い判断とは即断即決ではなく、いかに精度の高い判断を行うかです。**

ですから、良い判断スタイルを持つリーダーは「判断期限を延ばせないか」とまず考えます。

今回の案件では不安定要素が多い中で、判断すると自部署の大事なイベント運営にも大きな影響を与えます。ですので、即断即決を避けて部下に代替案を検討させるなどの選択肢Ｄが意思決定スタイルとして評価できるわけです。

POINT

全体を関連づけ、相手と自分両方の得を取る
判断のタイミングを重視する

案件３
「フワフワする部長」

差出人	市民部　星部長
題名	市長からの指摘
宛先	市民部　お節介課　川口課長
CC	
送信日時	20XX 年８月 31 日　11：03

川口さん

市長から緊急の呼び出しを受けました。
内容は、10 月に行う紅葉婚活パーティの件です。
先月の定例報告会では市長から了承を取り付けています。
その内容について
１．オリジナリティが足りない。
２．至急企画を練り直してもらいたい。
３．部長会議までに 47 都道府県の状況と比較の上、報告をいただきたい。
と指示を受けました。
それとは別件でノーマライゼーションの観点から高齢者向けの施策等を講じるべきだと錦戸議員からご指摘がありました。人口の半分以上を占める団塊の世代の定住率を高めるほうが喫緊の課題だというのが私の見解です。

あなたの考えをぜひ聞かせてほしいものです。

あなたの考えに近い選択肢はどれですか。

A	B	C	D
指示どおり新しい企画を検討し、分析資料を作るように指示する	部長にはとりあえず意見を合わせ、部下の意見を吸い上げたうえで考える	部長の意見はいったん受け入れる。今後の方向性については、自分の意見をしっかりと伝える場を作ってもらう	お節介課のコンセプトが当初よりブレているので、部長以上で再度討議をしてほしいと伝える

回答欄

案件3　「フワフワする部長」

▼意思表明の仕方【意思決定力】

私たち日本人は意思表示が苦手だと言われています。

私の地元関西でも、何かお願いされて断る際に「考えておく」という表現を使うことがあります。

関西に住んでいる方なら「ああ、遠回しに断っているのだな」と感じるのですが、ほかの地方の方から見ると「前向きに考えてくれているのだ」と捉えられるかもしれません。

海外の方から見るとさらに日本人の意思表示の難しさが指摘されます。

海外で研修をしていて、休憩が終わったのにまだ席に戻っていない受講生がいたときのことです。

日本では、マイクを持って前に立つと皆さんが察して座ってくれたりするのですが、これは効果を全く示しません。さらに「ではそろそろ開始の時間ですね」などと言っても聞いてくれません。

「開始しますので座りなさい」と言わないと研修がスタートしません。

つまり、回りくどく伝えても意思は伝わらないのです。

私たちが回りくどく意思を伝えるのは理由があります。

まず相手との関係性を大事に思うからです。

きっと反対意見を伝えると気まずくなるだろうという想いから、できるだけ相手を刺激しない伝え方をするのです。

もう一つは自分の意思に自信がないときです。

間違っていて責任を取るのが嫌だと思うと、意思表示をぼやけさせます。

相手からは、どちらにでも取れる言い方になるのです。

しかし、この意思表示は、**相手からすると非常にわかりづらく誤解を生みやすい**のも事実です。特にリーダーともなれば、チームの方向性を決めなければならないので、明確な意思表示が必要になるわけです。

時には意見が違う上司や、力を持った人に対しても毅然と自分の意思を明確に伝える行動が求められるのです。


とはいえ、相手の意見に対して完全に対立すると気まずくなります。

そんな時に有効なのが**YES－BUT法**です。

これは相手の意見をいったん受け入れ、そのうえで自分の意見を伝える手法です。

例えばこのような形で使います。

「部長の意見は承りました。ただ私の意見は○○です」

この手法は受け入れるというプロセスを入れることで、相手に納得感を持たせ、そのうえで自分の意見を受け入れてもらえる効果があります。


しかし、私たちはよく相手の意見に対してＢＵＴ－ＢＵＴ法で返すことがあります。

「いや、それはどうでしょうか？　私の意見は○○です」

相手を否定せず、かつ自分の意見を明確に伝えることを意識してみましょう。

今回の選択肢ではCが自らの意見を毅然と伝える意思決定力が発揮されていると言えるでしょう。

▼キーパーソンとの信頼関係構築【計画組織力】

仕事は一人ではできません。協力者が必要になります。そこで協力者を作るために信頼関係を構築するという行動が必要になります。

これはインバスケットでは計画組織力として評価される行動です。

仕事をする中で価値観や進め方の違いでストレスを感じている方も多いと思います。私自身も前職では上司に楯突くタイプでした。自分の意見を無理に受け入れてもらおうと抗議をしたこともあります。

しかし、どんな仕事でもチームで行いますので、チームの支援体制がないとうまくいかないものです。

特に、権限や予算を持っていたり、人脈を持っている方を敵に回すのか、見方に回すのかでは仕事にかけるパワーと時間は格段に違います。

仕事を円滑にかつスピーディーに進めるには、**だれがキーパーソンかを見極め、その方とは意見のすり合わせや討議などを通じて信頼関係を構築することが求められるのです。**

今は様々なコミュニケーションツールがありますが、特に意見が異なるときだからこそ、直接顔と顔を合わせて話し合う時間を大事にしたいものです。

今回の案件では、部長の意見を受け入れたうえで討議の機会を持とうとしている選択肢Cがキーパーソンとの信頼関係構築として評価されます。

POINT

言いにくい意見はYES - BUT法で伝える
日頃からキーパーソンを見極めておく

案件４
「基本ができていません」

差出人	お節介課　企画係　大熊主事
題名	納涼婚活パーティ結果について
宛先	お節介課　企画係　三宅係長
CC	お節介課　川口課長
送信日時	20XX 年８月 29 日　14：29

前回の婚活パーティ結果についてですが、以下のとおりです。
参加者：男性　12 名
　　　　女性　24 名
成立　　３カップル

参加者は定員 30 名に対して参加者 36 名と盛況でしたが、ほとんどの方が婚活パーティ初参加のうえ、男性は男性グループ、女性は女性グループとなり、男女間の会話がなかったことがカップルになりにくかった原因です。

そもそも、出会いの前に基礎的なコミュニケーションの整備が必要と思います。

自分の農園の話ばかりする人だとか、口論する人が散見されました。

そこで、僕がコミュニケーション教室を開き、会話術を参加者に教えたら、もっとカップリング率が上がると思います。

もちろん報酬は頂きません。

週３回の隣町の会話教室で勉強したいと思います。

全額とは言いませんが、市から補助出ないでしょうか？

あなたの考えに近い選択肢はどれですか。

A	B	C	D
目標に対しての実績や、専門家による分析を依頼し詳細な情報を集めるように指示する。提案に対しては感謝し検討すると伝える	報告に対してお礼を伝えるが、教育の補助の件は前例がないので難しいと伝える	3カップルも成立したことに賛辞を述べ、会話教室の件も了承する	言い訳をすることに対して指導し、会話教室には自費で行くように伝える

回答欄

案件４　「基本ができていません」

▼詳細な情報を収集する【問題分析力】

管理者になると現場からの距離が離れて、部下の報告や数値で判断する機会が増えてきます。その際に気をつけなければならないのは、**間接的な情報は必ずしも正しいとは限らない**ということです。

先日、ある会社へ商談に行きました。

少し気になる点があったので、「御社に伺って話をしたい」という相手の依頼を断り、こちらから相手方の会社へ伺うことにしたのでした。

その会社のサイトには、多くの従業員が働いているきれいなオフィスが写っていました。まるでドラマに出てくるような美しいオフィスでした。しかも場所は渋谷の一等地。すごい会社だと感じていました。

ただ、どことなく気になるところがあったのです。

いざ会社に着くと、びっくりしました。

相手の会社はいわゆるレンタルオフィスであり、「自社サイト」に掲載されていた画像は別の会社の風景だったのです。

その点を突っ込むと、相手は「あの画像は購入したもの。当社のオフィスとはどこにも書いていない」とむくれます。

私は決して、会社の規模やオフィスのきれいさでパートナーを選んでいるわけではありません。ただ、「あわよくば実際以上に良いイメージを相手に植え付けてやろう」という姿勢には賛同できません。私はお付き合いを断ることにしました。


世の中には様々な情報があふれかえっています。だからこそ「**情報を疑うプロセス**」を身につけるべきです。

また、裏付けが取れたから大丈夫と思い込むのも失敗のもとです。

私も部下から様々な報告が上がってくるのですが、よく報告を突き返したり、詳細な報告を求めたりします。

なぜなら、情報の質が良くないと判断を誤ることが多いからです。

質の良くない情報とは「定性情報」です。

情報を大きく分けると「定性情報」「定量情報」の2種類に分けることができます。

定性情報とは人によって捉え方の異なる情報をいいます。

例えば「多い」だとか「早く」などの言葉です。

「少々お待ちいただきます」と満員の飲食店の店員さんに言われた場合、ある人は5分くらい待つことになるだろう、と考え、ある人は20分くらい待つことになると捉えることになるでしょう。つまり、人によって異なるわけです。

また、定性情報には人の主観が入りやすいのも特徴です。

今回の案件では大熊主事は参加者のコミュニケーション能力の低さが敗因としていますが、これはあくまで彼の思いであり、事実とは異なる可能性もあるのです。

ですから、本当にそうなのかと裏付けを取る必要があるわけです。

　では数字が入っている報告であれば信じていいのでしょうか？

　これにも罠が入っています。


　例えば今回の3カップル成立という事例を捉えても、この数字だけでよかったのか悪かったのかわかりません。比較する対象がないからです。

　例えば、目標や計画値に対してどうだったのか、また民間の婚活パーティのカップリング率と比較することも有効でしょう。

　このように、数字が入っているからといって、判断に使えるものかどうかはわかりません。

　また、数字を加工した情報もあるので注意をしてください。

　前職のダイエー時代の話です。

　あるマネジャーからの日報で、ある商品がよく売れて昨年度の3倍の売れ行きだとか、ある部門の欠品率が20％改善したという報告が上がってきました。しかし、その部門自体は昨年と比較して2割売り上げがダウンしています。つまり、彼は良い部分だけを取り上げて報告してきているわけです。

このような**数字のマジックを使った報告を見抜くには「ＭＥＣＥ（ミッシー）」の原則に沿うとうまくいきます。**

「ＭＥＣＥ」とは「Mutually Exclusive and Collectively Exhaustive」の頭文字を取った語で、日本語では「相互に排他的な項目による完全な全体集合」という意味。何だか難しい言葉ですが、要は「重複がなく、漏れのない状態」を指します。

先程の報告では、ある部門の欠品率が20％改善したとありますが、ＭＥＣＥの考え方で仮説を立てれば、「じゃあほかの部門の欠品率は？」となるわけです。

今回の案件で詳細な情報を取るという行動ができているのはＡになります。

▼部下の自発性の助長【ヒューマンスキル】

リーダーの仕事はチームを率いて目標を達成することです。

しかし、それは短期的な仕事であり、長期的には部下を育成し、安定してチームが成果を出せる体制作りです。

部下を育てることはあなた自身も取り組んでいると思います。

しかし、気づかないところで**部下の育成を阻害している可能性もある**のです。


あるコンビニチェーンの若手社員向けの講演をしたときのことです。

発想の転換などをお話ししたのですが、ある方から質問が飛んできました。

「私たちは**新しい提案をしているのですが、上司が受けてくれません。**以前の成功体験を持った上司をどうすれば変えることができるのでしょうか」

私はたいていの質問にはすぐに答えることができるのですが、少し詰まりました。

私自身にも当てはまる部分があると気づいたからです。


部下が新しい発想を持ってきたときに、上司は過去の経験や知識から拒否をすることがあります。仮にその判断が正しかったとしても、完全な正解ではありません。

なぜなら、**部下の自発性をつぶしているから**です。


部下が成長するためには自発性が必要です。自発性とは自分から動くという成長に欠かせない要素です。

部下が提案を上げてくる風土は素晴らしいものです。このような風土をつくるには提案に対する評価や、従来発想を捨て去る革新的な意識、そして挑戦する雰囲気などがあってはじめて長期間をかけて作り出されます。

しかし、上司の提案を聞かない、自発性を否定するような行動をとることであっという間につぶれてしまいます。

ですから、**部下の提案は真摯に聞いて、興味を持ってあげて、その行動をサポートするという意識**が必要なわけです。

今回の案件では選択肢Ａがそれにあたります。

POINT

主観の入らない正しい情報を精査する
部下の自発性を阻害しない

案件5
「殺到する視察団」

差出人	議会事務局　丸尾課長
題名	視察の申し込みについて
宛先	市民部　お節介課　川口課長
CC	
送信日時	20XX年8月31日　15：42

以下申し込みがありましたので可否の連絡を関係部署と連携しながら貴部署より対応願いたい。

1．神奈川県神田市市役所より　担当　市民文化課　奥西様
10月21日　9時より23名
婚活パーティ会場の視察と説明をお願いします

2．大分県葛葉郡村田村議員団より　担当　山本議員
10月21日　13時より8名
市役所内及び婚活パーティ会場視察希望

3．北海道美方郡支陸村議員団より　担当　木下様
10月21日から23日の間で　4時間ほど4名
婚活パーティの取り組みと実際の会場視察したい

念のために共有しますが、受け入れのための経費はほとんど残っておりません。しかし、神田市市役所は奥田議員の紹介だとおっしゃっていました。

あなたの考えに近い選択肢はどれですか。

A	B	C	D
前回の反省から、当日は一団体のみの受付とする方向性を出し、あとの団体は別日に動画などで視察してもらう。事情を上長と議会事務局、関係議員に説明しておく	市のＰＲにつながるのですべて受け入れる	受け入れる必要性はあるが、対応できない可能性もあることを丸尾課長に連絡する。他の自治体との関係性や議員との信頼関係維持の観点も考慮する	自分は状況が理解できていないので、主任と総務係で討議し決定するように指示する

回答欄

案件5　「殺到する視察団」

▼方向性を打ち出す【意思決定力】

意思決定にはタイミングが大事です。

時には情報が少なく不安定要素が多い中でも判断しなければならないこともあるのです。もちろん情報がより多ければ判断はしやすくなります。

しかし、**管理職の報酬は「判断料」です**。それも担当者や部下が判断できないことを判断する責任を負うための報酬です。

ですので、タイミングを逸することなく判断しなければなりません。

判断に時間がかかるタイプの人に多いのは、正確な判断をするためにはどのような情報が必要かと考えるタイプです。

確かに正確な判断をするべきですし、そのための情報を収集することは大事です。タイミングを逸しないためにはどの情報が不足しているかを考えるよりも、今あるどの情報が判断に使えるのかと考えると良いでしょう。

パイロットが訓練では、飛行中に安全に着陸できない状態に陥った時、どの機器が故障しているのかを考えるよりも、正常に動いている機器をどのように使えば、着陸することができるのかを考える思考法を学びます。

リーダーとして意思決定をする際に、**不足しているものに重点を置くのではなく、ある情報をいかに使ってタイミングを逸しないかを考えてみましょう。**

今回の事例では、**処理の方向性を打ち出すことが大事**です。

なぜなら、今の段階で4団体が打診をしていると考えれば、今後も視察の依頼がますます増えるかもしれません。

そうなった時に、どのように対処するか方向性を打ち出さないと、部下や周りの部署は動けなくなるからです。

つまり、リーダーの判断は個々の小さな判断をするよりも、大きな方向性を打ち出すことが必要なわけです。

今回の選択肢では、リーダーとしてタイミングを逸しない方向性を出せているという点ではＡとＢの選択肢が評価できます。

▼全体の流れをつかむ【洞察力】

仕事では全体の流れをつかむことはとても大事です。

私は講師という仕事柄全体の流れをとても大事にしています。

例えば、受講生の方に一日の流れを説明する部分はとても大事です。この部分を説明しないと、そのパートやワークがどんな意味を持つのか理解できないからです。

全体の流れをつかむことの重要性をもう一つ挙げましょう。

組織に属していると、方向性がころころ変わることがあります。例えば、「売り上げ重視」で進んでいるときもあれば、急に「利益重視」に変更になったり、「パフォーマンス重視」で進んでいたと思えば、急に「経費削減」に力を入れようと指示が来たりします。

この流れをつかんでおかないと、利益重視の流れの中で売り上げ重視のアイデアを出しても採用されませんし、経費削減を話し合っているのに、経費を使う話をして大目玉を食らうということがよくあります。

つまり、部分で見ると良いと思われることも、全体で見ると良くない結果になることもあるのです。

ですから、全体の流れを良くつかむ洞察力は大事なわけです。

全体の流れをつかむと、先ほどのようにアイデアを出すタイミングが計れますし、計画も組みやすくなります。

出社して目の前の仕事に手を付けるのではなく、今日のスケジュールを確認し、組織全体の行事を頭に入れ、上司の行動スケジュールをつかめば、**より効率的に仕事の計画が組める**わけです。

今回の選択肢では、この案件だけではなく他の案件の情報を関連させて全体の流れの中で判断する必要があります。

例えば、案件12のコンサルタントからの助言や案件15の参加者のコメントなどから、見学者の受け入れの制限の必要性を感じたり、案件２から企画がバッティングして人員不足になっている点、そもそも、集客が低迷している中で婚活パーティが実施できるのかなどという情報を鑑みると、安易に受け入れするという判断はできないはずです。

その点からはＡの選択肢が全体の流れをつかんで判断しているという点では評価できます。

▼根回し上手は仕事上手【計画組織力】

「根回し」と聞くと何やらダークなイメージで捉えられがちです。「自分のやりたいことを実行するために、誰かを陥れる策略を練ること」と答えた受講生もいるほどです。

しかし、**根回しは良い仕事をするためには必要なプロセス**です。

もともと根回しの語源は、園芸用語から来ています。

木などを植え替える際に、あらかじめ時間をかけて根を短く切るなど事前に準備することを根回しと呼んでいます。

木は広範囲に根を張っています。突然この木を掘り起こし、植え替えると、水や養分を取る根が切られてしまうので木は枯れるリスクが高いのです。

仕事も同じで、良いアイデアや判断を考えついても、根回しをしていないと突然横やりが入り、うまく進みません。**事前にわかっているトラブルや障害なら先にそれを取り除いておくのが根回しの本質**なのです。

根回し上手な方は、相手への思いやりができる人だと思います。

なぜなら、**根回しは自分のトラブルを減らすと同時に、相手への衝撃緩和剤です。**

あらかじめ相談や報告をしてあげるだけで、相手は受け入れる体制を整えます。
だからこそ、相手への思いやりをこめて前もって伝えておくという配慮が根回しなのです。

今回の案件では、すべての視察が受け入れできないのであれば、その旨を関係者にあらかじめ伝えたり、現状の状態を知らせるということが必要になります。

選択肢Ａではトラブルのもとになりそうな関係者に根回しをしていますので評価できます。

POINT

判断には「タイミング」が重要
計画を立て、障害は根回しで除去する

案件６
「全職員への通達」

差出人	深井市副市長　扇　健次郎
題名	職員の綱紀粛正および服務規律確保の徹底について
宛先	深井市役所全職員
CC	深井市長　荻野　幸三
送信日時	20XX年９月３日　10：23

職員各位

添付資料を確認願います。

添付

深総第2004号

職員各位

副市長　扇　健次郎

職員の綱紀粛正および服務規律確保の徹底について（通達）

平素から職員の綱紀粛正および服務規律確保については教育や研修を通じて、また機会あるごとに注意を喚起し特段の努力を求めているところである。
しかしながら、勤務中に飲酒しさらに酒気帯び運転で検挙される事案が、県内他自治体で相次いでいるのは遺憾である。

万が一、当市で同様の事案が発生すれば市民からの信頼を裏切り、市役所の信用が失墜することは避けられない。

この機に職員全員が一丸となりさらなる綱紀粛正に努めるように、全職員に周知徹底する。

あなたの考えに近い選択肢はどれですか。

A	B	C	D
全職員に通達されているので特に対処しない	通達内容を全員が確認したかチェックをする	通達内容を受けて、婚活パーティなどで飲酒の機会があっても絶対飲まないように徹底させる	リーダーとして通達内容を理解し、自ら徹底する

回答欄

案件６　「全職員への通達」

▼情報共有とはなにか【計画組織力】

上司には情報が様々な方向から飛び込んできます。

私も管理職時代は１日３００件ほどのメールが常に飛び込んできました。それ以外に会議の資料は電話帳のように積み重なり、部下からの相談や口頭報告、取引先からの案内などを合わせると、人間の情報処理能力をオーバーしていると実感したものです。

でも、そのような**情報の交差点に立って交通整理するのが上司の仕事**です。

とはいうものの、入ってくる情報をさばくために、**ついつい、共有という名の下で、部下や周りの部署にメールを転送していきます。**

まるで自分のダムに大量の水が流れ込み、一杯に大量放出する水のようです。**これが間違った情報共有です**。大量放出の共有をされた立場から見るとたまったものではありません。

さらに、部下から見て**困るのは、情報だけを共有する上司**です。

例えばあるセミナーへの案内のメールが転送されてきました。

私はてっきり「もし興味があればセミナーに行ってみたら？」という意味だと思いスルーしていると、後日上司からセミナーに申し込んだのか、と聞かれました。

私が参加申し込みしていないと伝えると、上司は顔を曇らせて「君にはこのセミナーに出てほしかった」と悔しそうに言われました。

情報は共有するだけでは意味も価値も生み出しません。

逆に部下の生産性やモチベーションが下がり、成果を生み出さないことがあるのです。情報共有がうまくいかない方は、そもそも情報共有という行動を「情報を渡す」という意味で捉えていることが多いのです。それは情報共有ではなく、情報の配達屋の役割でしかなく、残念な情報共有です。

つまり、**自分の意思を入れて情報共有することや、自部署に落とし込んで咀嚼して伝えることが本当の情報共有なのです。**

今回の選択肢では通達内容を自部署に落とし込んでいるCが計画組織力として評価されます。

POINT

情報を交通整理するのが上司の仕事
情報は共有する意図も共有する

案件７
「パワハラ発生？？」

差出人	市民部　星部長
題名	FW:【親展】対応依頼
宛先	市民部　お節介課　川口課長
CC	
送信日時	20XX年8月30日　17：44

内密に指導を実施ください

---------------------- 以下転送元メール ----------------------

差出人	総務部　人事課　杉村課長
題名	【親展】対応依頼
宛先	市民部　星部長
CC	
送信日時	20XX年8月30日　16：58

星部長殿

昨今、ハラスメント事象に対して当課でも教育を含めて、関係部署との連携を進めているところでありますが、もし当該事案が発生した場合は人事より事情聴取および照会をさせて頂く可能性がありますので、事実確認と報告書を提出していただくことが必要になります。

上司が部下に対して「使えない」「役割を認識しろ」などの言動も事案として取り上げられている前例があるところであります。

と申し上げますのは、昨日市民部お節介課の臨時職員（匿名）より相談が入り上司からパワハラを受けているとの事案があり、可及的速やかに対処いただくようお願いしたい所存です。

あなたの考えに近い選択肢はどれですか。

A	全係長に事実確認を指示する
B	内密に調査をするため自身で各自面談を実施する。部署全員に対して注意喚起を行う
C	部長に内容を確認したことと、お詫びを入れる
D	自分はまだ状況をつかんでいないので、部長に対応を依頼する

回答欄

案件７　「パワハラ発生??」

▼事実確認【問題分析力】

「情報を収集する」という行動の内容も人によって大きく変わってきます。

とにかく簡単に素早く情報を集めたい人はネットを活用します。また「周りの人に助言を求める」という行動も立派な情報収集です。

そんな中、確実な判断を下すタイプの人はどのように情報を収集しているか。

自分の目や耳で直接確認したり、その道の専門家から情報を得たりするなど、より確実性の高い情報を得るために自ら動いているのです。

管理者にとってどの情報をもとに判断するかは非常に重要です。

どの情報をもとに判断するかで、判断の精度が大きく変わるからです。

例えば、ネット上に流れている誰が発信したかわからないような情報が、まことしやかに拡散しそれによって誤解や偏見が生まれてしまうような事件もよくあることです。

また、職場において人間関係のトラブルなどの仲裁の際には、片方の人間だけの言い分を信じてしまうと、大きな誤解を生んでしまうことがあるので、両方の当事者だけではなく、周りからの情報など**裏付けを取る行動が必要**になるのです。

私自身、管理職として事実確認を怠り失敗した経験があります。

オフィスで散らかしている机を見て、すぐあるスタッフの顔が浮かびました。以前から片づけなどで指導をしてきていたことから〝きっと彼の机だろう〟と決めつけてしまって、「どうして君は片づけができないのだ」と指摘してしまったのです。

結果、彼は私から濡れ衣を着せられたことになり、本当に申し訳ないことをしてしまいました。

あの時に、〝きっと彼の机だろう〟という仮説が浮かんだのであれば、それを裏付ける事実確認というプロセスが必要だったわけです。

このように**事実確認というプロセスは、浮かんだ仮説を裏付けることができ、結果、良い判断につながるのです。**

今回の選択肢では事実を確認するというプロセスが入っている選択肢Bが問題分析力として評価できます。

▼再発させないリスク管理【問題発見力】

リスク管理とはリスクが起きたときにどう対処するかという側面だけではなく、リスクが現実化しないように対策を打つ側面もあります。

つまり、**事故が起きないようにするのが本来のマネジメント**です。

そのたとえでよく使われるのがハインリッヒの法則です。「1件重大な事故が発生すれば、その背景に29件の軽微な事故と、300件の事故の要因となりうる事象が発生している」というものです。

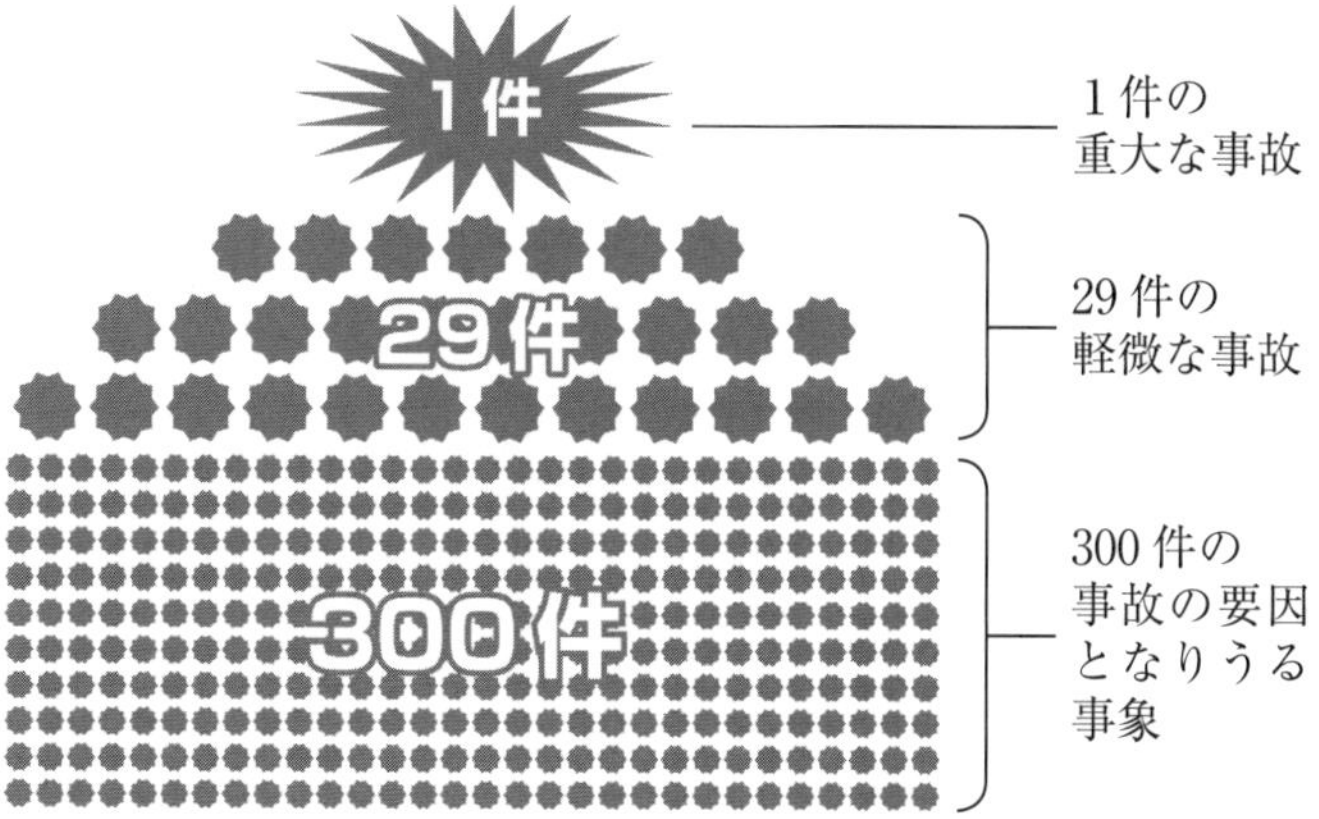

図　ハインリッヒの法則

これはアメリカの技師であるハインリッヒが労働災害や労働事故の発生の経緯についてまとめた経験則です。

つまり、その**1件のトラブルはたまたま発生したものではなく、その背景には多くの似た事例があると考えるべきだ**ということを教えてくれています。

特に一度起きたトラブルは、また同じようなトラブルが発生すると考えるのが、管理者の鉄則です。このような問題発見の視点を「再発防止」と呼びます。

管理者の姿勢としては、起きてしまったトラブルをいかにうまく解決するかではなく、**そもそもトラブルを起こさないようにするに**

はどうするかという点に力を入れなければなりません。

今回のケースでは、起きているトラブルの処理を行う一方で、全職員に注意喚起するなどの再発防止を考えた行動が望まれます。

その点で評価すると選択肢Ｂが好ましい選択肢になります。

POINT

裏付けは判断の精度を上げる

トラブル処理と並行して再発防止を図る

案件８
「二次会の場所選び」

差出人	お節介課　企画係　三宅係長
題名	【お伺い】ご判断お願いします
宛先	お節介課　川口課長
CC	お節介課　企画係　大熊主事
送信日時	20XX年8月29日　13：14

次回の婚活パーティの二次会会場候補が大熊主事から上がってきました。私はこのような施設はほとんど利用したことがございませんので、風紀と健全性の観点からこの中から選出お願いします。

・カラオケボックス　ヤングナイト　一人当たり2,000円～
・カフェバー　華竜　一人当たり3,000円～
・喫茶　馬籠　一人当たり1,500円～

大熊主事は馬籠を勧めていますが、店内が狭く古いです。また、西川議員からはご自身の行きつけのヤングナイトを強く勧められております。しかし、個室になるので男女間のトラブルなどのリスクがあります。華竜は予算オーバーです。

あなたの考えに近い選択肢はどれですか。

A	選択は任せるが参加者の交流が進む場所を選ぶように指示。決定したら報告を求める
B	馬籠で進めるように勧める
C	盛り上がるのでヤングナイトがいいのではないかと伝える
D	二次会は参加者が少ないので実施しなくていいと伝える

回答欄

案件８　「二次会の場所選び」

▼【優先順位設定】

優先順位設定とは「何から処理するべきか」を決める判断のことです。

限られた時間の中ですべての仕事が満足に処理できないときに、**緊急度や重要度から考えて処理すべき案件の順番をつけなければなりません**。

しかし、実際の職場では、すべての仕事を完璧にしようとされる方が多いものです。この考えを否定するものではありませんが、ほとんどの場合、すべてをやろうとして中途半端になり、そこからまた仕事が生まれてくる負のスパイラルに突入するものです。

さらに、管理者になると、部下からの相談や報告、他部署からの調整、上司からの呼び出しなど、予想しない他人の仕事が常に降りかかってきます。

こんな状態だからこそ、取捨選択する優先順位設定が必要になるのです。

優先順位を決める際に参考にしていただきたい法則があります。

パレートの法則です。

これは、イタリアの経済学者、パレートが提唱している経験則です。

上位の一部の要素が全体の大部分に影響を与える、という趣旨ですが、簡単に言い換えると、**すべてが大事ではなく、一部の重要な部分を押さえると、大部分はうまくいく**、ということとも捉えることができます。

数字で表すと20：80と表すこともできます。

つまり100％すべてが大事ではなく、一部の重要な要素20％が全体の大部分である80％に影響を与える、というものです。

これを仕事に置き換えると、すべての仕事に全力投球するよりも、20％の重要な部分を押さえておけば点数をつけると80点ということなのです。

ですから、今回の20案件もすべて自分で処理したり判断しようとしないことです。緊急度と重要度を考えたときに、リーダーの多くはこの案件よりも確実に処理しなければならない案件があると考えます。

つまり、この案件をあえて優先度を下げて、自分が判断するよりも、部下に判断を任せようと考えたというわけです。

優先順位をつけて判断するという観点では今回は選択肢Aが評価できるのです。

▼部下に仕事を任せる方法【計画組織力】

リーダーの行動として最も大変なのは、仕事を部下に任せることです。**「任せる」という判断は、数ある判断の中でも高度で難しい部類に入ります。**リーダーを任せられるほど能力のある人ならば、基本的には自分で仕事をしたほうが速く、かつ納得のいく結果を得られやすいからです。人に任せるのはどうも、ストレスが生じるものです。

とはいえ、仕事は次から次にやってきます。誰かに任せないわけにはいきません。「任せ方」の技法を学んでいきましょう。中には「任せる」と「丸投げ」を混同してしまっている人もいます。正しい「任せ方」を身につけましょう。

「任せ方」には４つのポイントがあります。

①　方向性を示す

「方向性」とは、求めるアウトプットのイメージや、それを導き出す大まかな方法のことです。

タクシーに乗ったとき、運転手さんには目的地とともに、「なるべく早く着くように」「高速道路は使わないで」など、経路についても大まかな方向性を伝えるでしょう。「方向性を示す」のもそれと似ています。逆に「君に任せるから好きにしろ」と丸投げするのは、タクシーの運転手さんに「行先は運転手さんが決めてください」と言うのと同じで、相手を困らせるだけです。

② 任せた側が責任を取る

部下に向かって「君に任せたじゃないか、君が責任を取れ」などというリーダーは、任せ方を知らない「丸投げ」リーダーです。たとえ任せた相手が失敗したとしても、任せた側の人間が責任を取るのは当然のことです。

③ 支援体制を構築する

何かしらの障害が発生しても、任せた相手がスムーズに業務を遂行できるよう、助言や応援などの支援体制をつくりましょう。

ただし、支援のしすぎには注意しなければなりません。「支援」という名目で、一度任せた仕事をほとんど自分でやってしまっては本末転倒です。

④ 報告を受ける

任せっぱなしではいけません。任せた仕事がどのように進んでいるのかの「進捗」と、任せた仕事がどうなったかの「結果」は必ずヒアリングしましょう。

これら４つのポイントを押さえると、任された側も仕事が進めやすくなり、仕事の精度も上がります。

任せるという判断は難しいものですが、「任せられない」と考えるのではなく、「**仕事のどこか一部でも任せてみよう**」と考える。「自分がやろう」と考えるのではなく、「**失敗するかもしれないけれど一度やらせてみよう**」と考える。いずれも一流のリーダーの思考です。

任せる側、つまりあなたの考え方ひとつで、任せることはできるのです。

「任せる」という行動に短期的な見返りを求めてはいけません。**「任せる」は、中長期的に見て良い結果をもたらしてくれる判断**です。

「自分がやらなければならない」と判断する前に「誰が処理できるかな」と考え、仕事を任せてみましょう。

今回の選択肢では部下に仕事を任せるために方向性を出して、報告を求めている選択肢Aが評価できると言えます。

POINT

すべて全力ではなく、優先度に合わせ処理する
「誰ならできるか」を考え、「正しく」任せる

案件9
「あいつは使えない」

差出人	お節介課　窓口係　大坪係長
題名	錦野主事の件
宛先	お節介課　川口課長
CC	
送信日時	20XX年8月30日　15：06

課長殿

錦野主事から10月18日から10月23日まで有給休暇を取りたいと申し出あり。

結論から言うと却下するべきかと。

理由は10月21日に第二回婚活パーティがあるからです。

窓口とはいえ応援に行くのは当然と考えます。また関係部署からの非難も予想されるためです。

本人には自身の役割をしっかりと認識するように指導していますが、本人は、すでにパック旅行に申し込んでおり、キャンセル料が発生するなどと言い訳をしております。

課長から指導お願いできないでしょうか。

あなたの考えに近い選択肢はどれですか。

A	B	C	D
旅行に申し込んでいるなら仕方がないので今回は休みを認める	ほかの部署に応援を依頼している手前、休みは認められない	一旦保留とする。キャンセル料の金額の情報と、期間をずらすことは可能か確認させる	係長の判断に任せる

回答欄

案件９「あいつは使えない」

▼保留という判断【意思決定力】

判断にはＹＥＳ・ＮＯ以外にもいくつか選択肢があります。

例えば**「保留」という判断**もそのうちの一つです。

テレビドラマで上司が即断即決しているシーンが格好良く映りますが、実際の管理職の現場ではあまり感心できません。

もちろん、判断するタイミングが迫っているものなら即断即決が求められますが、まだ判断の期限に余裕があるのなら、詳細な情報を集めるなど判断の精度を高める行動が求められるからです。

先のページで「判断のタイミングを計ることとの重要性」をお伝えしました。期限が決まっていたとしても「延期」という判断をすることも大事だとお話ししました。

「保留」と「延期」で混同している方がいるかもしれないので少し整理しておきましょう。

「保留」は期間が明確に決まっていない判断で、より精度を高めるための行動を伴う判断です。逆に、「延期」は判断を求められる期間が明確に決まっている場合の判断です。

また、よく勘違いされがちなのが、保留を「先送り」と同様に考えているケースです。

保留は「判断の精度を高める行動」が伴うのに対し、先送りはそのような行動がとられず、単に判断の時期を遅らせるという行動を指します。先送りは意思決定を避ける行動として良くない判断です。もし、判断の時期を遅らせるなら、判断の質が良くなる行動を取りたいものです。

今回の選択肢の中では、慎重な判断スタイルを取り、判断の精度を高くしている選択肢Ｃが評価されます。

▼労務管理力【問題発見力】

私が小売業にいたころは、休日出勤などよくあったものです。なにせ新入社員のころは「自己啓発」という言葉で、すべて片付けられました。

しかし、今は時代が違います。**部下の労務管理は上司の絶対条件**になっています。

本人が納得して長時間労働していたとしても、家族や友人などから苦情が入るケースもありますし、突然本人の心が折れることもあるのです。

頑張り屋さんの部下ほど仕事を抱え込み何とかこなそうと無理をしてしまいます。特に上司は、何時から働き始めて、何時まで働いているかを把握する必要があるわけです。

「人」はリーダーに与えられた貴重な財産です。

この「人」を守るためには、労務管理は当然のことながら、部下の健康管理・職場環境の整備・業務量の調整や危険な場所の排除など上司が管理をしなければなりません。

今回は**有給休暇の管理がきちんと行われているかを問題視する必要があります。**選択肢に入っていませんが、有給休暇に対しての**大坪係長の考え方を問題視することも必要になります。**

POINT

判断の精度を高めるために「保留」も選択肢に
適切な労務管理は「人」を守る

案件10

「特番の取材」

差出人	MCK 放送　社会部　大塚誠
題名	取材のお願い
宛先	お節介課　川口課長
CC	
送信日時	20XX 年９月３日　13：52

MCK 放送社会部です。

貴部署のイベント「紅葉婚活パーティ」のホームページをみて連絡させていただきました。

当日の様子をニュース 17 という番組の特集「婚活氷河期」の中で取り上げさせて頂きたくご連絡させていただきました。

お受けいただける場合には打ち合わせに９月７日に伺いたいと思います。

ご返信お待ちしております。

あなたの考えに近い選択肢はどれですか。

A	テレビ放映はＰＲの機会なので受け入れる方向で、内容を関係部署とともに調整するように係長に指示する
B	受け入れは困難であり、今回の放映は見送る
C	市の全体に関わることなので即決できないと伝え、別の部署に問い合わせしなおしてもらう
D	パーティは不開催と決まったので、丁重にお詫びする

回答欄

案件10 「特番の取材」

▼機会と脅威【洞察力】

「表裏一体」という言葉があります。「表と裏は密接な関係にある」という意味なのですが、私たちは多くの場合、物事を表か裏のどちらかでしか捉えていません。

例えば、私がダイエーに勤めていたときのことです。別会社に吸収合併されて社員の多くは戦々恐々としていました。つまり、ほかの会社に吸収合併されるという事実を脅威と捉えていたわけです。

今までのやり方が大幅に変わり、将来を不安定に捉えたのでしょう。

しかし、私は違いました。

大きく変わることに不安がなかったわけではありません。しかし、それ以上に今まで違うやり方を学べるチャンスだと思ったのです。このように考えると、「脅威」と思っていたことが「機会」や「チャンス」であることが実は多いのです。

上司に叱られたときのことも実はチャンスです。やり方を改善できるからです。ライバルが現れたときもチャンスです。競争は成長を促すからです。実は成功する人の多くは、一見脅威と見られることをチャンスにし、変化してきました。物事を脅威と捉えると先に進むことができません。**脅威を機会と捉える洞察力が必要になるわけです。**

今回の選択肢では脅威ではなく機会と捉え、今回の取材を有効活用するプロセスが含まれたAを評価できるのです。

POINT

現状でのピンチは、変化のチャンスと捉え積極的に変えていく

案件11
「私付きまとわれています」

差出人	福祉部　介護課　吉川課長
題名	【親展】ご相談
宛先	市民部　お節介課　川口課長
CC	
送信日時	20XX年8月31日　17：22

介護課の吉川です。

直接ご相談と思いましたが庁舎内だと誰が聞いているかわからないので、メールがいいかと。


実は当課の山本なつみ主事から何度か相談を受けています。

彼女の言い分では、貴課の大熊主事が親の介護の件で相談しにきて、なんどか助言をしているうちに、大熊さんから私的な食事の誘いを受けたとのことです。

そして先日は、紅葉婚活パーティに女性参加者が少ないので参加してくれないかと依頼を受けたとのことです。


彼女は断り方に苦慮し、数日眠れないそうです。

川口さんから大熊さんに付きまとわないように対処していただけないですか？


なお、本人からは内々にしてほしいと言われております。

あなたの考えに近い選択肢はどれですか。

A	メールで大熊に厳しく指導する。今後、山本さんに絶対に近づかないように書面で念書を書かせる
B	確実にセクハラとは言えないので、保留とする。第三者が関わるとこじれるので吉川課長にも静観を促す
C	内容は理解したと吉川課長に返事し、部長や他の課長に事実かどうかの情報を募る
D	帰ってきてから大熊に事情を聴く。セクハラとパーティへの参加強要も問題なので、他にも同様の事象がないか確認する

回答欄

案件11 「私付きまとわれています」

▼情報の取り方【問題分析力】

リーダーとして正しく情報の裏付けをすることの大事さは前項でお伝えしました。ここでは正しい情報の取り方についてお話ししましょう。

今は情報収集をするには大変便利になりました。

わざわざ昔のように図書館に調べに行かなくても、多くの場合ネットで検索すれば必要な情報は取れるようになりました。ニュースなども大枠であれば無料で知ることができます。情報収集にはとても便利な世の中になったと言えるでしょう。

一方でリスクも増加しています。

ネット上のデマに踊らされ間違った判断をしたり、情報が多すぎて逆に混乱してしまうケースも増えています。

そんな中、**確実な判断を下すために必要なのが「潜在情報を取りに行く」というプロセスです。**潜在情報を取りに行くということは、自分の目や耳で直接確認したり、その道の専門家から直接情報を得たりするなどの行動のことです。

情報は大きく2つの特性に分けられます。

①　顕在情報（セカンダリーデータ）

すでに世の中に出回っている情報を指します。新聞やテレビ、インターネットなどで得られる情報など、一般的な情報です。顕在情報のメリットは、コストをほとんどかけず、簡単に集められる点です。

②　潜在情報（プライマリーデータ）

まだ世の中に流れていない情報を指します。顕在情報とは違い、自ら取りに行かなければ得られない情報です。例えばアンケートや市場調査、現場に出向いての確認などが挙げられます。

確実な判断を下すタイプの人は、潜在情報を自ら取りに行っているわけです。

リーダーの案件処理には重要な判断も多くなってきます。そのため、判断材料である情報にも正確さが求められます。

顕在情報には他人の主観が入ったり、歪曲しているリスクがあることを常に知り、重要な判断を下す際には自ら情報を取りに行くという方法を選んでみてください。

今回の選択肢では、案件のデリケートさに鑑み自ら情報を取りに行くというプロセスが入っている選択肢Ｄが問題分析力のある選択肢として評価できるでしょう。

▼問題発見の視点【問題発見力】

数年前ある証券会社の支店長向けにインバスケット研修を行いました。

そこで驚いたことがあります。

通常、他の企業や団体で「問題だ」と騒がれる案件が、その証券会社ではあまり問題視されていなかったのです。

それは「個人情報の漏洩」という案件でした。

どうしてこんな重要な問題が軽視されているのかとヒアリングすると原因がわかりました。それは個人情報の漏洩という事件がその企業では日常的に起きていたのです。つまり、問題意識がマヒしていたわけです。

ある事象を見て「これは問題だ」と感じるプロセスを問題発見と言います。

私はこれまでに2万人以上の受講者を分析してきました。その結果、必要なプロセスを省いてしまったり、仕事の結果が出にくい人には、「問題発見力が低い」という共通点があることがわかりました。

問題発見は問題解決のスタート部分であり、非常に重要なプロセスです。問題が発見できなければ、解決のしようがないからです。

一方で、**問題発見力が低い方自身は、自身が問題発見力が低いという認識を持っている方は少ない**のです。

先程の証券会社でもそうです。私が指摘すると、皆さんは大きな気づきがあったようでうなずいていました。

それはそのはずです。多くの方が何らかの問題は発見しているからです。

しかし、大事なのは問題発見の視点なのです。

ある商品を受注してお客さまに送ったのに、「商品が違っている」というクレームを受けたとしましょう。

この現象について「何を問題として捉えるか」で仕事の結果は変わってきます。

「運が悪かった」「次から頑張ろう」としか捉えられない人は、残念ながら「問題の捉え方が甘い」といわざるを得ません。「とにかく謝ろう」「代わりの商品を送ろう」と考える人も、まだ甘いといえます。

また、「そもそもこの仕事は自分に向いていないのかな」「お客さまが勘違いして発注したのではないか」など、ピントがずれた問題発見をする人もいます。これも同じく、問題解決にはたどり着きません。

大事なのは「何が問題なのか」と複眼的に見ることです。

今回の案件ではハラスメントの観点だけではなく、参加人数を集めようと本来の対象者ではない庁内の職員の参加を募っているということも大きな問題ではないでしょうか。

その問題意識を表している選択肢Dは問題発見力の観点で評価できるわけです。

POINT

自ら潜在情報を取りに行くことも必要
「何が問題なのか」と様々な角度で考える

案件12
「謎のコンサルタント」

差出人	KY ハッピーコンサルタント　柿沢
題名	【ご報告】紅葉婚活パーティの件
宛先	深井市役所　お節介課　企画係　係長殿
CC	深井市役所　お節介課　川口課長
送信日時	20XX 年9月2日　9：35

お世話になります。

KY コンサルの柿沢です。

紅葉婚活パーティの集客苦戦されているようですね。

私のほうで女性参加者6名を確保しました。

謝礼金は前回同様一人 5000 円です。

私の助言不足もあるので今回も当社で負担いたしますのでご心配には及びません。


大事なのは成婚率アップです。

しかしながら前回のように、あれだけマスコミなどで騒がれると、参加者が参加しにくくなっています。


今度はあまり派手に宣伝をされず、クローズ気味にされるのはいかがでしょう。

例えばプロフィールカードに記入する項目を減らしたり、外部の見学者をシャットアウトしたりするのも一つの方法です。


参考にしてください。

あなたの考えに近い選択肢はどれですか。

A	B	C	D
KYコンサルがどのような業者なのか情報を集め、集客活動に不正がなかったかを前回を含めて調査させる。一方で、今回の企画についての助言を求める。	いつも協力いただきありがとうございます、と感謝を告げ、今後も協力を要請する	謝礼金は市としては経費として認められないので、KYコンサルで持つように要請する。	今回の企画をすべてKYコンサルに任せたいと依頼し、お節介課は発注先として支援に回る。

回答欄

案件12 「謎のコンサルタント」

▼コンプライアンス意識【問題発見力】

コンプライアンスとは、法令などを順守するという意味です。個人で持っておけばいい意識ということではなく、組織を束ねる長であればメンバー全員を**リーダーとして指導管理し、法令や規則を守れる風土にすることが求められます。**

コンプライアンスの意識を公務員の方は持っている方が多いのですが、それでも、ニュースなどではコンプライアンス上の問題で世間からバッシングを受ける地方自治体が多くあります。

交通違反や暴力などの法令違反は個人の資質の問題かもしれませんが、汚職事件などは**組織的なコンプライアンス意識の低下**などの問題があるはずです。

このような事例が出ると、自治体行政への不信を招くばかりか住民の協力が得られず、自治体の活動自体にも支障が出る恐れがあります。

このようなことにならないためにも、一人ひとりの職員が、「何が正しいのか」と常に考えることが大事であり、**客観的な目で自分たちの仕事を見つめる視点を持つこと**が求められます。

実際の職場ではコンプライアンスを意識するのと裏腹に、目標を達成したり、面目や体裁を優先するということが起きることがあります。コンプライアンスの意識は持つだけではなく、実際の仕事でその意識を優先することができるかが大事なのです。

今回の案件では集客活動をコンプライアンスの観点から問題視している選択肢Aが評価されるのです。

▼外部の力を有効活用【計画組織力】

仕事ができる人は自分だけが頑張るのではなく、周りを巻き込みます。

周りの力を有効活用して仕事で結果を出すのです。

この力をインバスケットでは「計画組織力」と言います。


この計画組織力が素晴らしく発揮できている方は、自部署の力だけではなく周りの部署の力を借りるのが得意です。

さらに、自社だけではなく他社や外部機関を巻き込んで自社だけでは成し遂げることができないことを成し遂げたりします。

つまり、**使えるものなら何でも使えという姿勢が計画組織力を発揮するポイントなのです。**

私が知っているコンサルタントは、あらゆる専門家とつながりを持っています。

法律なら弁護士、財務なら会計士、労務関係なら社労士というように、その道のプロと連携して顧客の問題を解決します。

私も、人材育成や昇格システムという問題があれば声がかかります。

そのコンサルタントはプロを集めプロジェクトを作り、一人では解決できないことを解決するのが仕事です。


それは私たちリーダー職も同じです。

リーダーのもとでは様々な問題が起きます。前代未聞の事件が起きたときに一人で悩んだり、長い時間をかけて社内で対策を練るのは計画組織力が十分に発揮されていません。

例えば、本社の専門部署や外部の専門家、公的な調査機関などを活用して問題解決することが望まれるわけです。


実際のあなたの仕事でも困ったことがあれば相談できるリストを作っておくと便利

です。自分で抱え込むのはあなた自身のストレスになるばかりか、問題を長期化させてしまうことにつながるからです。

今回の案件では、婚活パーティが企画倒れになるリスクが高くなっているので、その点を外部の専門家に相談したり助言を求めている計画組織力が発揮されている選択肢Ａが評価されるわけです。

POINT

組織全体で法令順守の意識を高く持つ
日頃から相談できる相手を確保する

案件13
「限定クリアファイル差し上げます」

差出人	経済部　観光課　野木係長
題名	【重要・緊急】クリアファイルの引き取り依頼
宛先	全課長；全部長
CC	
送信日時	20XX年9月3日　11：17

観光課の野木です
ご苦労様です。

先日会議でもご依頼しましたクリアファイルの引き取りですが、まだ700枚ほどあります。期限は9月6日とさせていただきます。

このクリアファイルは印刷業者が電話番号をミスプリントしたもので、庁内のみの使用とします。
先着順としますので予めご了承ください。

あなたの考えに近い選択肢はどれですか。

A	とりあえず700枚もらいに行くように指示する
B	まずは必要部数を各員に報告させる
C	係長に連絡し、対応させる
D	着任後取りまとめるのでそれまで待ってもらう

回答欄

案件13 「限定クリアファイル差し上げます」

▼判断適任者を選ぶ【意思決定力】

インバスケットでは、あえて自分自身で判断しなくても良い案件をいくつか作っています。これは、「自分で判断できるが、他の人間に判断を振ることができるか」という行動を評価するためです。

つまり「判断しない判断」ができるかを見ているわけです。

リーダーは判断をすることが仕事です。

しかし、なんでも判断すればいいというわけではありません。

ときに**無視するという判断**も必要になります。

なぜなら、リーダーが判断することでいくつかのデメリットが発生することがあるからです。

①　本来判断するべきことが判断できなくなることがある

リーダーが判断しなければならないのは、部下が判断できず、今後大きな影響が予測されることです。

例えば、部署の大きな方針や、前例のないトラブルの処理の判断、部下の人事異動や評価などはリーダー自身が決めるべきでしょう。しかし、部下でもできる些細な判断や、ルーティン業務の判断、雑務への関与などのチーム運営に大きな影響がないものは判断を振っても良いわけです。

部下でもできる判断は部下に、あなた自身しかできない判断を下すことが本来の仕事です。

②　部下が判断をしなくなる

ある会社の研修のでき事です。社長自身からこのようにリクエストされました。

「うちの管理職は判断できない。徹底的に教育してほしい」

私はそのリクエストどおり、研修を開始しました。

そして午後、事件が起きました。

社長が突然、管理職の研修に現れ、グループワークに入りだしたのです。

「それは間違っている。こうだろう」

いくつかのグループに指示を出し始めたのです。

すぐにやめてもらいましたが、その会社の管理職が判断をしない理由がはっきりとわかりました。

上が決めると下が決めなくなる。

つまり、**部下に判断をさせないと〝上司がすべて決めてくれる〟と思い、判断をしなくなるのです。**

判断力は筋肉のようなものです。使わないといざという時に使えません。つまり何でもあなた自身が決めていると部下は成長しないというわけです。

これらの理由から、リーダーが判断しなければならないのは、まず**「誰に判断をさせるか」**です。

たとえ自分で正確な判断がすぐできたとしても、それをしない判断もリーダーには必要なのです。

今回の案件でも、自身が判断に関わるのではなく、もっと現場の事情を知っている部下に判断を振ることが求められ、そのプロセスが入っている選択肢Cが評価されるのです。

POINT

自分で判断しなくて良い業務に時間をかけない

案件14
「業務範囲を明確にするべきでは？」

差出人	お節介課　総務係　土井係長
題名	当部署の業務範囲について
宛先	お節介課　川口課長
CC	
送信日時	20XX年8月30日　16：38

課長殿

先日ご相談した件ですが、先ほども大坪係長より相談を受けました。
やはり、当課の業務範囲を明確に定めたほうがいいと思います。
人的にも予算的にも、私たちにも限界があるなかで、市民へのアカウンタビリティも必要です。

素案段階ですが、
・結婚相談や婚活パーティの実施
・新生活支援業務は担当窓口の紹介（住宅関連は住宅課など）
・SNSやホームページでの情報発信
この三つに絞る形で係長同士は合意しています。

よろしければ次の定例議会での議案作成と関係部署への調整を始めたいと考えていますが課長のご意見をお聞かせください。

土井

あなたの考えに近い選択肢はどれですか。

A	お節介課のコンセプトはあえて業務内容を決めないことなので、そのコンセプトを課員と腹を据えて話し合う
B	生産性向上のために、業務内容を明確にする必要性がある。何でも受けるのではなく、規定を定めそこに集中させる意義を上司に伝える
C	基本はその提案で進めるが、突発事項なども発生するので、その際の業務の進め方をマニュアル化する
D	自部署だけで業務範囲を決めてもうまく進まないので、他部署のリクエストを受け入れ、それを業務範囲とする方向で進めさせる

回答欄

案件14 「業務範囲を明確にするべきでは？」

▼前提条件を捉える【問題発見力】

あなたが街を歩いていると、携帯電話会社のキャンペーンの看板が目に入りました。今より通信料が半額になり、しかもほしかったスマートフォンの機種が無料になるようです。

あなたは店に入りその乗り換えキャンペーンに申し込みました。

これだけを見ているとこの判断には大きな問題がなさそうです。しかしインバスケット的にみると重要なプロセスを漏らしています。

それは**前提条件を踏まえ問題がないかを考える**、というプロセスです。

今回挙げた例はいわゆる衝動買いなのですが、前提条件を考慮しないととんでもない結果になってしまうことがあります。

例えば、今まで受けていた割引などがなくならないか、とか、今まで使っていたアプリやサービスが使えないようになる、などの条件です。

前提条件とは、その判断を行う前に外すことができない制約をいいます。

会社でいうと会社の方針や上司からの指示、予算や業務範囲などが当てはまります。

今回の案件でいうと、お節介課の設立のコンセプトは前提条件になりますので、これをはずした判断は問題となるわけです。前提条件から問題となることを意識した選択肢Ａは問題発見力として評価されます。

POINT

前提条件と齟齬がないか踏まえて判断する

案件15
「ルール違反です」

差出人	お節介課　企画係　三宅係長
題名	FW: お礼とご報告
宛先	お節介課　川口課長
CC	
送信日時	20XX年8月30日　17：27

これはルールを逸脱するのではないかと危惧しています。

式場選びで職員が特定の営利組織をあっせんするのは条例でも禁止されていますし、家計の相談などは市の生活困窮者自立支援事業条例で定められた資格を持った人間が行うべきです。

従って市長からの口頭注意をもって処分と考えております。


---------------------- 以下転送元メール ----------------------

差出人	yulily4912@ratmail.com
題名	お礼とご報告
宛先	深井市役所　お節介課　企画係　三宅係長
CC	
送信日時	20XX年8月29日　19：56

お節介課のみなさま

お忙しいところイベントを企画して下さり、ありがとうございました。

杉本裕理です。

参加者の方と婚約する運びになりました。

これもひとえに大熊様はじめ皆様のサポートがあったからでお礼申し上げます。

婚活パーティ後の相手への接し方指導や農家カフェの紹介と予約など、今まで異性と付き合ったことがない私にとってはありがたかったです。


ご提案いただいたとおり、相手方のご両親への挨拶や新居選び、式場選び、家計の件など様々な相談をさせて頂くかと思いますが、ご支援いただければ幸いです。

取り急ぎお礼とともに送信します。

※パーティは楽しかったですが、あれだけギャラリーが多いと少し気になりました。今後の参加者のために参考です。

あなたの考えに近い選択肢はどれですか。

A	三宅係長の指摘どおり、ルールを逸脱した行動は組織の信頼失墜につながるので、厳重に注意指導し反省させる
B	確かにルール違反をしたが本人は悪気がなかったと思うので、始末書までは書かせずに厳重注意として指導する
C	規則は守るべきだが、住民の要望に可能な限り対応する大熊の行動は評価する。全員で住民志向について議論する
D	大熊の行動は模範的な行動として評価し、その行動を批判する三宅の考えを厳しく指導する

回答欄

案件15 「ルール違反です」

▼住民ファーストの思考【当事者意識】

当事者意識とは主体的に物事に取り組む姿勢であると前項で述べました。
しかし、当事者意識にはもう一つの側面があります。
それは、**自分に何が求められているかを察知する意識**です。

私たちは組織や上司からミッションを与えられています。
しかし、それ以上に**公務員として、地域住民からどのような期待をされているかを考えることも当事者意識の一つ**です。

民間企業であれば、**顧客志向**という言葉があります。

これは簡単にいうと、主語はお客様として扱うことを指します。

例えば、私の仕事である研修講師という仕事でも顧客志向は大事です。講師としての満足度を上げるのなら、厳しい指導を行わず受講生と仲良くなれば良いのですが、それは自分のための行動です。顧客志向を持つなら、時にはアンケートで悪く書かれても厳しい指導を行うのが顧客志向です。

また、決められたプログラムを時間どおりに進めるよりも、時にはプログラムを変更してでも受講者の気づきや学習につなげることが大事です。

皆さんの業務でも、頭では地域住民を最優先にと考えながら、実は役所のための仕事を行っていませんか？　特にルールを守るために住民をないがしろにしていませんか？

私たちはルールのために仕事をしているわけではありません。

もちろん、コンプライアンスを意識することは大事です。でも、だからといってルールのために仕事をするのは本来のあなたの仕事ではないはずです。

今回の案件では、ルールを順守することを主張している三宅係長は当然の職務を果たしているのですから評価するべきです。では悪いのはルールを破った大熊主事かといえばそれも違います。

ここでは**住民ファーストの意識をなくした職場の風土を問題視**してほしいのです。

あなたに求められているのは、新しい枠組みの中で真の住民視点にたったサービス提供をするための新しい意識改革なのです。

住民ファーストの意識が現れたＣの選択肢は当事者意識として評価されます。

▼承認する力【ヒューマンスキル】

部下が上司に求めることの一つとして「承認されたい」という行動があります。部下にとって承認されることで、今やっている仕事に価値を見出せますし、何しろ安心します。

承認は褒めるとは少し違います。

褒めるとは好ましいと思われる事実に対して評価することですが、**承認は相手の行ったことや存在そのものを認め、それを伝えてあげることです。**

例えば今回の三宅係長の発言を否定するとどうなるでしょうか？

きっと彼女は同じような指摘をしなくなるでしょう。

また、参加者に対して親切にした行動を承認しないと、同じことはしなくなります。

褒めるという行動も同じですが、承認するという行動も基準を作らなくてはなりません。そうでないと、以前は承認されたのに、今回は承認されないと、部下は上司に不信感を持ち出します。

ただ、今回のように承認する部分と、指導しなければならない部分が混在している際には、まず承認をして、そのあと指導する方法がおすすめです。

なぜなら、**承認をすることで受け入れがたい指導も受け入れるようになるからです。**

今回のケースでは、どの部分は承認できてどの部分は指導するかが入っている選択肢Ｃが評価できるというわけです。

POINT

規則違反の結果を踏まえて判断する
評価するポイントを押さえて伝える

案件16
「法的措置を検討します」

差出人	お節介課　窓口係　大坪係長
題名	公聴会での意見
宛先	お節介課　川口課長
CC	
送信日時	20XX年8月31日　10：09

課長殿

公聴会で当課に対し市民からの意見あり。
内容は以下のとおり。
結論からいうと福祉課が対応する案件との見解に至る。

申し出者　　大宮野木子
私は本当に不快です。
なんですか。あの態度は。信じられません。
今日の窓口の対応には全く納得できません。
息子が47歳で19年間引きこもっているから結婚は難しいと一刀両断。
引きこもりを異常者扱い。
もう不快すきで、腹が立つので、メールしました。
誠意ある回答を求めます！
市長にも訴えます！
また、法的措置も検討します！

あなたの考えに近い選択肢はどれですか。

A	B	C	D
福祉課が対応するべきかもしれないが、引きこもりを解消して結婚相手を探すというスタンスも必要だったのではないかとたしなめる。関係部署で協議をし対応策を検討させる	福祉課の案件であり対応は間違いないが、住民の法的措置が現実化するとまずいのでまずはお詫びをするように指示する	福祉課に任せるように指示し、念のために部長にも連携する	関係部署と協議を実施のうえ、速やかにお客様の対応をするように依頼する。再発しないよう、窓口で相談できない旨を告知しておく

回答欄

案件16 「法的措置を検討します」

▼指導する力【ヒューマンスキル】

ヒューマンスキルというと相手に配慮したり、労いの言葉をかける行動だと思われている方が多いのですが、実は**指導したり叱ることもヒューマンスキルの一つなのです。**

私が今まで2万人近くのリーダーを見てきて、配慮や感謝、労いの言葉などのソフト面のヒューマンスキルよりも、指導したり叱るなどのハードなヒューマンスキルを苦手とする方が多くなっているように感じます。

それはハラスメント意識の定着などのマネジメント環境面だけではなく、**そもそも指導したり叱ることに苦手意識を持つリーダーが増えているのが実態です。**

中には叱ることをトラブルの元と考えて、部下のご機嫌伺いをする上司もいます。

部下指導の鉄則3か条を書くと以下のようになります。

① 事実（プロセス）に対して指導する
② できるだけ早く指導する
③ 状況と部下の性格によって指導法を変える

まず、①の事実に対して指導するということは、結果に対して指導するのではなく、**「結果に至るまでの過程である行動」に対して指導すること**です。

今回の例でいうと、「どうしてこんなクレームが起こったのだ」と結果に対して指導しても、結果は変わることがありませんし、部下も今後どうすればいいかわかりません。

ですから、「この部分は別の対応があったのではないか？」と過程に対して指導をします。

この際のコツは感情を入れないことです。「俺の顔を汚しやがって…」などはもってのほかです。

②は指導のタイミングです。

基本は**指導する行動が起きた時点で指導する**ことが望ましいです。

なぜなら、部下は自分がした行動を忘れてしまうこともありますし、部下の中で時間が経つと正当化されていきます。

その場での指導が適当でないにしても、できるだけ早く指導することで効果が上がります。

③は指導の手法です。

注意といってもいろんな注意の仕方があります。

個室に呼んで注意する方法もありますし、あえて全員の前で注意する方法もあります。諭すように注意する方法もあれば、強めに注意する方法もあります。

私たちは過去成功した叱り方を全員にどんな状況でもお構いなく当てはめようとする傾向があります。

その状況と部下に応じて一番効果が上がる指導方法を考えましょう。


今回の案件では、部下が自部署の方向性と異なり、縦割り思考で他部署に仕事をたらい回ししようとしていることに対して、指導することが望まれます。

「○○は正しいと思うが○○はいかがなものか」という相手が受け入れやすい指導法が入っている選択肢Ａは評価ができます。

▼会議の活用方法【計画組織力】

会議と聞くとネガティブに捉える方も多いのでないでしょうか？

私自身も前職の管理職時代の会議にはあまり良い印象を持っておらず、時間の浪費だとか、生産性の上がらない時間だと捉えていました。

しかし、会議はきちんと機能を理解すれば、非常に有効なコミュニケーション手段です。

会議のメリットは大きく3つあります。

①情報共有

個別に伝達するよりも、一度に多くの情報を多人数に短時間で伝えることができます。メールでも同じことができますが、より確実に伝えて理解したかを確認することができます。

②方向づけ

どのようにチームとして進むのかを腹落ちさせて、メンバーの意見を聞きます。このような討議を通じてチームの一体感が出てきます。

③意識づけ

会議に参加することで当事者意識を持ちます。

目標設定などにはとくに全員を参画させることで、与えられた目標から自分たちで作った目標になります。

今回のケースでは個別に調整するよりも、関係部署を一堂に集め会議などを開かせることで情報の共有と考え方の方向づけができるメリットがあります。

その点で会議を活用している選択肢Ａは計画組織力として評価できます。

POINT

指導はスピーディーに、結果ではなく過程について行う

会議のメリットを理解し使いこなす

案件17
「職場を変えてください」

差出人	お節介課　窓口係　錦野主事
題名	【親展】ご相談の件
宛先	お節介課　川口課長
CC	
送信日時	20XX 年 8 月 30 日　11：41

先日ご相談した配置転換の件はいかがでしょうか？

今日も大坪係長から理不尽なことを指示されました。
「時間内で終わらせるのが仕事である」
自分はダラダラと仕事をしておきながら、他人に無理を求めるのはもう付き合い切れません。

私はもともと市政企画課での企画業務だったので、そちらに戻していただきたい。

あなたの考えに近い選択肢はどれですか。

A	B	C	D
人事に情報を共有し、配置転換依頼をする。後任も必要であることを告げる	却下する。大坪係長の言っていることに筋が通っていることを錦野に指導する	とりあえず聞き流す。時間がたてば状況が変わる可能性がある	着任後自ら面談する。ハラスメントの疑いもあるので大坪係長に事実関係を確認する

回答欄

案件17　「職場を変えてください」

▼傾聴力【ヒューマンスキル】

上司になるといくつかの役割を演じなければなりません。

指導したり教育したりする「教師の役割」だったり、部下の能力を引き出す「コーチ」の役割もあるでしょう。

時にはチームを統率するために注意をしたり、規律を守らせる「監督」の役割もあるかもしれません。

中でも上司になると、**部下の相談を受ける「カウンセラー」の役割**を演じなければならないケースが出てきます。

多くの上司が部下の相談には時間を掛けたいと考えていますが、いかんせん、上司は時間がないものです。

また相談となると多くは厄介な問題が起きたと思うので、相談を先延ばししたり、先送りする方も多いのではないでしょうか。

中でも気をつけなければならないのは「聞いたふり」をすることです。

「傾聴」という言葉があります。

相手の話を聴くということですが、多くの上司がわかっていてもできていない行動です。

あなたは普段部下の相談をどのように聞いていますか？

・　別の作業をしながら聞く
・　自分の興味のある部分だけ聞く
・　相手の話を自分に当てはめて聞く

これらの３つの「聞く」は、傾聴とは言いません。

相手の話を聴くときには、それだけの集中をするべきですし、自分の興味のある部分だけ聞くのもよくありません。そして、相手の話を自分の経験などに置き換えて聞くのも本当に相手の立場になって話を聴いていることにならないからです。

傾聴するためには、相手の立場になって、相手がどう考えているのかを理解しようとすることが大事です。

私自身もカウンセラーの資格を持っていましたが、この傾聴の難しさは身に沁みました。相手の話を遮って提案したり、相手の話を自分の経験に置き換えてしまうなど失敗を繰り返しました。

特に優秀な上司ほど、部下を助けようと答えを出してしまうのですが、部下が自分で答えを見つけるように「傾聴」することに専念してほしいのです。

部下が退職を申し出ることは、上司にとって悲しい経験です。

多くの場合「一身上の都合」という理由で部下がやめていきます。

しかし、経験上、一身上の都合ではありません。**多くの要因が重なった結果「退職」という結果に行きつくのです。**

　私は部下がそれぞれポイントカードを持っていると思っています。嫌なこと、理不尽なことなどがあればポイントが溜まっていきます。そして、ポイントが一杯になると退職届となって上司に渡されるのです。

　一度溜まったポイントは消えることはありません。しかし、ポイントになるのを思いとどまらせることができます。

　それが、部下の話を聴いてあげるということなのです。

　今回の案件では、理由はどうであれ、部下が理不尽に感じていることがあるので、その話を聴くという行動が入っている選択肢Ｄがヒューマンスキルとして評価できます。

▼レポートラインの活用【計画組織力】

　組織をうまく活用できる人と活用できない人の差はレポートラインの意識の差かもしれません。

それは組織全体の情報や報告命令の流れを理解していないと、トラブルや問題が発生したときに誰に相談したり、誰に報告したりすれば良いかがわからなくなるからです。

レポートラインとは、報告や命令連絡などが誰に対して行われるかを明確にしたものです。自治体でいうところの、指揮命令系統に当たります。

あまり聞きなれない言葉かもしれませんが、緊急連絡網や町内会の組織図などをイメージしてもらえればいいと思います。

このレポートラインを明確にしないと、情報や指示の抜け漏れが発生したり、複数の上司から異なる命令を受けるなど、効率が下がるだけではなく、緊急事態に混乱する恐れがあります。

自治体や会社でも組織図があります。

これは外部に向けての機能の説明だけではなく、自分たちが活用できる組織を見つけたり、誰に報告や連絡相談をするのかを見極めために用いることができます。

一方で、**管理者としてはこのレポートラインを守らせることも必要です。**

例えば、上司を通さずに他部署に依頼を掛けたり、上司を飛び越えてその上の上司に相談に行った場合は注意をして、レポートラインを意識させなければなりません。

今回のケースのように、直接上司に相談せず、飛び越えて相談が来るケースもあります。ケースバイケースとはいうものの、間に入っている上司である係長を全くスルーして、処理するのはレポートライン上に問題があるという意識は持つべきです。

レポートラインを意識しているという点では選択肢Dが評価されるでしょう。

POINT

「聞く」と「傾聴」は違う
レポートライン上の人を巻き込んで判断する

案件18
「人が足りません」

差出人	お節介課　総務係　土井係長
題名	応援依頼の件
宛先	お節介課　川口課長
CC	
送信日時	20XX年8月29日　13：39

総務係の土井でございます。
仰せつかった紅葉婚活パーティの応援人員調整の件ですが、当日、深井市民祭りもありまして思うように人員が集まっておりません。
必要応援人員9名に対し、2名のみとなっており、うち1名は1時間ほどしか手伝えないとのことです。

ご期待に沿えず申し訳ございません。

私でよろしければ当日ボランティアとしてお手伝いいたしますがいかがでしょうか？

それともう一つ危惧されるのが集客です。
目標人数60名に対し現状5名の申し込みしかありません。
大熊主事が前回参加者を中心に強力に参加を依頼していますが
10名を切る場合は延期か、中止も視野に入れるべきかと老婆心ながら考えています。
後程担当から相談させていただきますのでご検討お願いします。

あなたの考えに近い選択肢はどれですか。

A	土井係長に何とか応援人員をかき集めるように依頼する
B	人が集まらないのであれば実施は不可能なので延期とする
C	そもそも参加者が少ないので現状の確保人数で実施が可能であることを伝える
D	土井係長に感謝すると同時に市民祭りと一緒に開催できないかとアイデアを出す

回答欄

案件18 「人が足りません」

▼枠組みを外して対策を考える【創造力】

創造力を発揮するということが苦手な方もいれば、創造力が泉のように湧き出る人もいます。これらのことから、「創造力は天性のものだ」と主張する人もいますが、私はそう思いません。

創造力とは「無」から何かをつくり出す能力ではなく、**既存のアイデアを組み合わせる能力**です。言ってしまえば「誰にでも高められる」力だからです。

創造力を発揮するためにはコツがあります。

まず、「枠組み」を外すことです。

「枠組み」とは、前例や慣習的な型に嵌まった考え方です。

「本は最初のページから1ページずつ読まなければならない」「仕事は会社でしかできない」というような、自分の生活に**ごく当たり前に染みついている考え方が、新しい発想の阻害原因**となるのです。

枠組みがあると、せっかく思いついたアイデアも「前例がないからね」なんて、打ち消されてしまうのです。

このようなことが常態化していくと、仕事も枠組みのために行うようになり、思考やパターンが陳腐化するわけです。

逆にいうと枠組みを外すことで、今まで無理だと思ったことができるようになるわけです。

枠組みを取り外すためには、アイデアの出し方を変えましょう。

「良いアイデアを出す」という質的な発想ではなく、「たくさんアイデアを出す」という量的な発想に変えることです。

数を目標にすると、枠組みがあれば達成できなくなり、必然的に〝なんでもあり〟の発想に変わるのです。

創造力を発揮する際にはこの〝なんでもあり〟の発想が大事なわけです。

今回のケースでは、市役所で応援を決まった人数集めなければならないという枠組みに囚われやすくなります。

しかし、ほかの案件によると、同日に市民祭りが行われる予定なので、それと一緒に開催すれば応援人数は少なくていいかもしれませんし、必ずしも役所の人間でなければならないわけではないと捉えると、他の方法も出てきます。

今回の選択肢では選択肢Dが創造力を発揮できているので評価ができます。

▼感受性【ヒューマンスキル】

リーダーに必要なのは明確な判断力や飛びぬけた問題解決力だけではありません。

研修生の方に、**「リーダーに必要なものは何か？」**と聞くと多くの方は、能力だけではなく、人間性を挙げられます。

「人としてやさしさがある」だとか「温かみがある」などが良く聞かれます。

これはいかに頭が切れても、人間性のかけらもない上司には、ついていきたくないということでしょう。

では、人間性とは何でしょうか？

インバスケットではヒューマンスキルの一種として「感受性」を評価します。

感受性とは簡単にいうと、**感情を表現すること**です。

なんだそんなことか、と思われるかもしれませんが、仕事の上で、特に切羽詰まった状態では感情表現ができない方が多いものです。

例えば、忙しい時に相談をしに来た部下がいたときに、無表情で「今は忙しいんだよ」というよりも、「ごめん、15分後で良いかな」と申し訳なさそうな表情をするほうが相手も理解してくれますし、失敗して落ち込んでいる部下を指導する際にも、無表情で叱るよりも残念そうな表情をして叱るほうが伝わるものです。

今回のケースでは、係長の配慮などに感謝するなどの感情表現を加えた選択肢Dが評価されます。

POINT

枠に捉われず、多くのアイデアを出してみる
感情表現をした方が、意図は正しく効果的に伝わる

案件19
「決裁お願いします」

差出人	お節介課　企画係　三宅係長
題名	会場申し込み決裁の件
宛先	お節介課　川口課長
CC	
送信日時	20XX年8月31日　15：54

入札できまった紅葉婚活パーティの会場より催促が来ています。

以前からお伺いしていますが、結論をお聞かせください。


ちなみに現状参加者が6名（女性4名、男性2名）となっています。

桜の間　（定員60名）　一日部屋料　30万円　料理代一人当たり　5千円

契約では9月5日までに決めないと部屋料、料理代ともに100%かかります。

ご判断ください。


また12月の婚活パーティは実施でしょうか？

今回の紅葉婚活パーティで当期の予算を使い切りますので、12月分の150万円は補正予算を申請しないと間に合いません。

合わせてご判断ください。

あなたの考えに近い選択肢はどれですか。

A	B	C	D
定員を半分に減らし予約する。もし増えた場合の対案を検討させる。補正予算は提出させる	今回は開催を見送り、その経費を12月に回す	予約はしない。集客が難しいため、補正予算も見送る	できるだけ予約する方向で調整し、無理であれば見送る

回答欄

案件19 「決裁お願いします」

▼判断したリスクを軽減する 【意思決定力】

判断をするということは必ずリスクが伴います。

多くの方はリスクを恐れるあまりに判断を先延ばしにしたり、時には判断を避ける方もいます。

しかし、リスクは積極的に冒すものだと私は考えています。

なぜならリスクを冒さないと、前に進まないばかりか、「いつまで経っても判断しない」という最大の過ちを犯してしまうからです。

皆さんはリスクの語源をご存知でしょうか？

リスクはアラビア語で「明日の糧」という意味合いを持ちます。**リスクを冒して判断することが、もっと良い状態を生み出すわけです。**

しかし、リスクをガンガン冒せばいいというものではなく、リスクを軽減する行動も大事です。あなたが下した判断に対して発生するリスクは何かを知り、また判断が外れたときにどんなリスクが発生するかを把握して、その**リスクを軽減する方法をあらかじめ取っておくこと**が大事なのです。

今回の案件では、選択肢Aが判断のリスクを抑えるプロセスを取っています。半分の定員で予約することで、それ以上の集客があった場合のリスクを減らすために対策を検討させています。

これ以外にも、そのままの定員で予約して、定員が大幅に下回った場合のリスクを減らす行動がとられていてもOKです。

選択肢Bを選ばれた方も多いと思いますが、開催を見送るのであればその判断に対するリスクを減らす行動が欲しいところです。

POINT

リスクは避けるのではなく、軽減する方法をあらかじめ取る

案件20

「質問しますよ」

差出人	錦戸議員
題名	９月議会での質問について
宛先	お節介課　川口課長
CC	
送信日時	20XX 年８月 31 日　16：12

いつもお疲れ様です。

９月議会で質問をしたいので事前にメールしておきます。

マスコミなどで勢いづいているお節介課の活動ですが、私はもともと市でやるべきではない活動と考えています。


そこで次回議会ではその必要性を問いたいと考えています。

1．　実績と効果（前回婚活パーティの成功率と動員数、参加者の定住率、今まで使った経費の一覧、紅葉婚活パーティの見込みと経費額明細）
2．　満足度を調べたならその結果
3．　既婚者や商用悪用目的の利用者の対応
4．　今後の方針

9月 10 日（月）が議会の初日で、初日からの質問となるとのこと。

7日（金）には、どんな答弁になるか知らせてください。

なお、9月１日には、正式に議会事務局に提出するつもりです。

２日・３日と会派の研修ですので、詳細を聞きたければ、４日以降となります。

あなたの考えに近い選択肢はどれですか。

A	B	C	D
答弁を係長に用意させる	着任後すぐに答弁を作るための会議を設定する	答弁案を用意させ、議員と調整をさせる。市民部長にも支援を依頼する	議員へ質問を中止もしくは延期をするように依頼する

回答欄

案件20　「質問しますよ」

▼仕事を回し続ける力【計画組織力】

限られた時間の中で成果を最大化するインバスケット思考では、仕事を回し続けることが求められます。

例えばあなた自身がお休みだったり、移動中で直接業務に手を出せない状態であっても、仕事を止めてはいけないのです。しかも、一つの仕事だけを動かすのではなく、複数の仕事をあなた自身が着手できない状態でも前に進めることを考えなければなりません。

仕事は皿回しのようなものです。

たった一枚の皿をうまく回しても評価されません。特にリーダーになって複数のメンバーがいるのに**「昨日は休みでしたので進んでいません」はありえません。**

同時に仕事をいくつも進めることができる人は、決してその方が休みなしで働いているわけではありません。**優秀な皿回しは、ほかの人に皿を回してもらったり、他部署の力を借りて回し続けるのです。**あなたは段取りをつけて、きちんと回っているかを確認することが望まれているのです。

相手から催促されたり、休み明けに一気にやることが押し寄せるようではまだまだ、上手な皿回しができていない証拠です。

「仕事は止めない」を原則に、どうすればあなたがその仕事に手をつけていない間も仕事が進んでいるのかをチェックしてみてください。

今回の選択肢ではCの議員との調整を部下にさせているので、仕事が回り続けています。つまり、計画組織力が発揮されているプロセスとして評価できるわけです。

▼支援体制を作る【計画組織力】

仕事を誰かに任せた後にしなければならないのは、その仕事が円滑に進むように支援体制を作ることです。

特に重要な仕事は一人に業務を集中させることで負担も大きくなりますし、万が一失敗すると損失も大きくなってしまいます。

リーダーが陥りやすい失敗は「優秀な部下」に指示を集中させることです。優秀な部下ほど、あなたの指示をすぐに理解し、結果も安定しているので、ついついお願いが集中するのは仕方ないでしょう。

しかし、いくら優秀とはいえ部下も一人の人間ですから、当然限界があります。ですから、業務指示の偏りをなくし、組織として業務を進めることが求められるのです。

また、リーダーは預かった資産である**「人材」「情報」「仕組み」「資金」**などをフル**に活用して結果を出すこと**が求められています。

この意味からも、一部の人材だけ活用して、**活用できていない人材がいるということはあまり良くないわけです。**

私は部下に指示を出す際によく「プロジェクト」を組ませます。

業務目標を達成させるために、チームを編成し、リーダーを選出します。

つまり、人にただ仕事を振るのではなく、**「組織力を生かして業務目標を達成させる考え方」**が計画組織力なのです。

今回の案件では、係長に調整を命じたうえで、上長の部長に支援を依頼している選択肢Cが計画組織力が発揮されているといえるでしょう。

POINT

自分が不在でも仕事を止めないよう管理する
偏りなく部下を活用する

エピローグ

野本はスイスのチューリッヒ国際空港から経由地であるコペンハーゲンに向かっていた。

空路中、美しいほど純白のアルプス山脈と広い平原を見ながら、今回のスイスアルファー市との姉妹都市協定締結について考えていた。

アルファー市との交流は、標高８７０ｍに位置し、深井市と同じ標高であること、そして深井市出身の詩人、奥野宗太郎がアルファー市に滞在し「欧州詩集」を執筆したことから、20年前アルファー市の中学生訪問団を受け入れたときから始まった。

しかし、何度も協定書の協議が行われたが、議会や関係部署との調整がうまくいかず見送られていたのだ。今回の調整も困難を極めたが、野本の大学時代の友人である大塚氏の協力のもと、無事調印が終わった。

大塚は財団法人自治体グローバル化協議会の副会長を務めている。

「いやあ、今回は本当に助かった」

野本が横に座っている大塚に言った。

大塚はビール缶を片手に返事をした。

「いやいや、これからが大変だよ。今は姉妹都市を提携するよりそれを維持することが難しい自治体が多いからね。ほら、国際情勢も変化しているし、なんせ、相手は価値観の違う民族だからね。提携解消の依頼も多いのが現実だ」

「なるほどね。価値観か…お見合いみたいだな」

「あ、そういや、お前、婚活パーティ部に異動したんだな」

「婚活パーティ部じゃない。お節介課だ」

大塚は大笑いしながら言った。

「お前にピッタリじゃないか。お前は学生時代からお節介だったからな」

「そんな気軽な話じゃないんだよ。スタートは華々しかったが、どうやら婚活パーティもサクラを使っているみたいで、今回は集客に苦戦しているんだ」

「でも、お前が課長なら何とかなるだろう」

「どうだろう。反対勢力の議員の質問攻めや、関係部署との軋轢、特にメンバーが新しい取組のコンセプトを理解していないのは課題だな」

「弱気なこと言いながら、学生のころからお前は、そんな窮地に力を発揮するやつだからな。みんな言っていたよ。野本は火事場のバカ力を出す奴だって」

「バカ力ね…」

野本はスイスに来る前60分で出した指示を思い出した。

指示があっているかどうかはわからない、でも、時間制限がない中で仕事をするより、限られた時間の中で窮地に追い詰められたときに出てくる力は自分でも感じていた。

その力を信じながら日本への帰国の途を飛行機は進んでいた。

成田空港から市役所に電話を入れる。

お節介課がどうなっているか、気が気でなかったのだ。

電話を取ったのは土井係長だった。その土井の声が明らかに動揺している。

「どうしました？　土井さん」

「課長…、実は申し上げにくいのですが、またトラブルが発生しまして」

「トラブルとは？」

「はい…。前回の婚活パーティでサクラの女性を参加させていたのがマスコミに知られたようで」

「え…まずいな」

「市役所には苦情の電話が殺到しています。マスコミからの取材も。議員からも抗議と釈明を求められています」

「わかりました。で、部長は？」

土井の声が少し荒くなってきた。

「わしは知らん、とおっしゃっています。ただ市長は明日お詫びの記者会見を開くと言っています」

「わかりました。取り急ぎ今から戻りますので」

野本は意を決した。

市役所についたのは夕方だった。

玄関に数人の記者がいたが、野本が渦中のお節介課長とは気づいていないようだ。

庁内に入ると、他部署の人間は野本を遠巻きに見ている。

どうやら歓迎されていないようだ。


「課長！」

部屋に入ると土井係長と大坪係長が野本を見て声を上げる。

あとの職員は電話対応に追われている。

その表情から苦情の電話だとすぐにわかった。


「市長が市長室に来てほしいと言っています」

大坪係長が野本に言う。野本はキャリーケースを大坪に預けて、階上の市長室に向かう。

市長室には副市長と部長がいる。明らかに台風の前触れのような黒雲が立ち込めた雰囲気だ。

市長の向かいに座った野本に、市長が頭を下げた。

「申し訳ない。君は着任したばかりだから今回は何もしなくて良い。私たちで会見を開く」

野本は目をつぶって数秒考え、返事した。

「そうはいきません。辞令をいただいた以上私がお節介課の課長です。明日は私も同席させてください」

市長は副市長と顔を合わせたあと言った。

「君にはこれからのキャリアがある。もし同席するならそれを捨てることになるぞ」

野本は一瞬、家族が頭に浮かんだ。課長になったことを喜んでくれた妻の笑顔も脳裏に浮かんだ。両親の顔も…。

「…でも、逃げ隠れするよりはましです」

市長は野本の顔をじっと見て、わかった、と言った。

「ただし、君は一切発言はしないように、いいね」

記者会見には予想を上回る30社ほどの報道機関が来た。急遽会場を中会議室から講堂に変更した。

冒頭に市長が今回の経緯を話し、頭を下げた。

副市長や部長、野本も一斉に頭を下げる。カメラのフラッシュが罵声のごとく浴びせられて、記者たちから質問が寄せられた。

部長が応対していたが、野本から見ても何を言っているわからない、要領を得ない回答だった。

「その件は可及的速やかに調査を進め…」

「総合的に考えて、市民の皆様に十分に配慮し…」

そのうちに、前から二列目の女性が質問した。

「つまり、お節介ではなく、結局お役所仕事として形だけ整えた、ということですよね。市民の血税を使って」

部長はペラペラと問答集をめくりながら答えた。

「今回の事案については痛恨の極みであり、職員の教育を徹底し…」

「ちょっと待ってください…」

その時、野本は精一杯婚活を企画している自分の部下の姿が浮かんだ。その瞬間、声が勝手に出ていた。

会場は静まり返る。マスコミの目が野本に集まる。

「皆様からご覧になるとお役所仕事かもしれませんが、私の部下は形だけ整えたわけではありません」

「あなたお節介課の新しい課長ですよね。何もわからないのにどうしてそう言えるのです？」

スーツ姿の女性記者はあざ笑うかのように、周りの記者に目配りをした。

「はい、私はお節介課の課長の野本といいます。今回の件はサクラとみられても仕方ないかもしれませんが、私たちの部下は市民の皆様が幸せになるように頑張っております」

「頑張る？　そんなことだからお役所仕事だっていわれているのよ。民間企業だったら〝頑張る〟は通用しない。必ず成果があるわ。あなたたちは別に成果がなくてものうのうと高給取っているじゃない」

ヒートアップするやり取りに市長が口をはさんだ。

「まあ、まあ、毎朝新聞さんのおっしゃることももっともですが、最初から悪意があったわけではない、ということ…」

「悪意があったわけじゃない、現に市民だけではなく私たちマスコミも騙している
じゃないですか？　悪意があったわけじゃないならそれを証明してくださいよ」

女性記者は甲高い声で市長を指差した。

「私が証明です」

記者席の後ろから声が上がった。

40歳ほどの作業服の男性が手を挙げている。

「どなたですか」

市長が質問すると男性は答えた。

「杉本と言います。前回婚活パーティに参加して婚約したものです。お節介課の人た
ちを悪い人呼ばわりするのはやめろ」

女性記者は男性の剣幕に黙った。

野本はこの杉本という名前に、お礼のメールを送ってきた男性だと気づいた。

「私は正直、この年齢で結婚できるとは思っていませんでした。出会う場所がないと

いうより、機会があっても自分でそれをつかもうと思っていなかったんです。そんな私をパーティに来るように説得してくれたのは市役所の人でした。パーティが始まって、地域で見ない女の人が多いのはすぐわかった。でもパーティが始まるとすぐに打ち明けてくれた。サクラだってな。でも彼女たちが佐保子とうまく話せるようにセッティングしてくれた」

市長が尋ねる。

「つまり、サクラの女性が応援をしてくれた…？」

「ああ、そうです。おかげで私を含めて6カップルができた」

野本が訂正する。

「6カップル？　報告書では3カップルですが？」

「ああ、みんなシャイだから、公式にではなく、こっそりとお付き合いをしております。お節介課の人たちもそれは知っている」

「え…、うちの部下が知っている」

「あの人たちは変わった人たちだ。お役所仕事ではなく、本当にお節介だ」

この会見は彼の登場で空気が変わった。

記者たちからも彼に質問が相次ぎ、市長は原因を後日調査して報告することを約束した。

会見を終えた野本は汗だくになりながらお節介課に戻った。

「課長大変です」

係長が電話を取りながら大声でさけぶ。

「苦情殺到…かな」

「いえ、申し込みが殺到しています」

「なにっ」

あの会見は県内のテレビだけではなく、インターネットの動画で配信されていたようで、その様子を見た視聴者から「高確率でカップルになれる婚活パーティ」として受け止められたようだ。

翌朝の毎朝新聞の見出しも「お節介がすぎサクラまで」となっており、そのほかの有力紙の見出しも野本が予想したより好意的だった。

市長からはお節介課を全面的に支援するように、関係部署に指示が下され、急遽、市民祭りの1ブースにプチ婚活パーティコーナーが設営されることになった。

秋の婚活パーティも3日には定員を超える応募があり、それは野本に新たな課題を突き付けていた。

「どうします？　課長。会場を縮小して押さえてしまいましたよ」

野本は頭をかきながら、答えた。

「まさかこんな展開になるとはな…。わかった。私がホテルの支配人に頭を下げに行くよ」

「課長、こっちも電話です。錦戸議員から新たな質問をしたいので、午後議員室に来てほしいとのことです」

三宅係長が表情を曇らせて言った。

野本がわかった、と手帳にペンを走らせていると、大熊主事からも声がかかる。

「課長。お電話です。群馬結婚相談協会からです」

　土井係長が口をはさむ。

「きっと、クレームですね。結婚相談所の仕事を役所が奪ったとか…」

　大熊は鼻の穴を広げながら言った。

「違いますよ。今度の紅葉婚活パーティにボランティアで参加したいと」

　野本はあっけにとられた。

「えっ…」

　横で聞いていた三宅係長が忠告する。

「課長、条例では特定の民間業者の仲介を実施するには…」

「三宅さん…良いんだよ」

「何がですか」

「みんな目指しているところは一緒だから」

「でもですね。前例もありませんし、何しろ民間業者が介入すると…」

「お節介だよ」

「は？」

「お節介をするのは私たちだけじゃない。市民の中に広がり、そして県全体に広がれば、ほとんどの問題は解決するんだよ。僕たちはそのおぜん立てをするのが仕事だ」

三宅係長はじっと聞いていた。

「さあ、みんな問題は山積みだ。優先順位をつけて片づけていこう」

お節介課のメンバーの声が一つになりこだました。

「はいっ！」

【終わり】

第４章
インバスケット思考の活用

インバスケットの本質は「気づき」

今回のインバスケットで「できなかった」と思われる方が多いと思います。

しかし、**できない状態に気づくことが大事です。**

なぜなら、どのような変化も自分が思っていた以外の自分に気づくことから始まるからです。


インバスケットはいろいろな気づきを与えてくれます。

本書のインバスケットでも、他の選択肢や解説から気づきが得られたと思います。

でも、インバスケットの真骨頂は、他の人のやり方を学ぶことです。

だからこそ、私が行うインバスケット研修は、座学形式ではなく、グループ討議方式を取っています。


これはある案件についてどのような行動を取ったのかを、３～４人のメンバーで共有し、そのうえでベストな行動例を考えていただくためです。

インバスケットには受講者の人数分だけ回答があり、回答を見せ合うだけでも多くの気づきにつながります。それは今まで自分のやり方が唯一の方法と信じていた受講者にとっては、衝撃的なものになるのです。

インバスケット研修を受けた方のコメントを紹介しますと、以下のようなコメントが寄せられています。

「20案件すべて処理しなければならないと思っていたが、決してそうではないことに驚かされた」

「部下に対しての叱り方について、同じグループのほかの方が全く違う叱り方をしているのが参考になった」

「同じトラブルでも人によって何を問題視してるのかがわかって面白かった」

私たちは今まで何十年も仕事をしてきていますが、自分の仕事の進め方だけではなく、他の方の仕事の仕方を客観的に見たことはほとんどありません。

ですからインバスケットの気づきは、教科書や先生が教えるのではなく、他のメンバーからの気づきが多いわけです。

なので、この本を用いて、職場で数名で討議をするだけでも多くの気づきにつながるので、活用してもらいたいと思います。

そして、もっと大事なことは**「気づき」を「気づき」で終わらせないことです。**なぜなら、気づきは行動につながらないと何の意味も持たないからです。

せっかく気づいた新しいやり方や視点を職場で実践すること、これがとっても重要です。

気づきを力に変えるには実践しかありません。

ですから、私はインバスケット研修の最後に必ず「行動変革宣言」を受講者にしていただきます。これはそんなに難しいものではありません。

職場でどのような行動を実践するのかを３つ書いてもらうのです。

例えば「仕事に入る前に〝今日の大事な仕事3つ〟を決める」だとか、「何か決めるときには誰かに相談する」といったものです。

なんだそんなものかと思われた方もいらっしゃるかもしれません。

ただ、あまり難しいことを宣言しても、大きなことを宣言してもそれを実践された方を私は見たことがありません。ですから、継続できて、かつ具体的な行動を決めていただき、職場で実践していただくわけです。

あなた自身も本書で気づかれたことを、是非職場で実践してみてください。

インバスケットの進化

インバスケットは道具です。

以前は一部のエリートの選抜試験として使われていました。

私もそれを受けた一人ですが、私は自分の仕事のスキルを上げるためにトレーニングツールとしてインバスケットという道具を改良し続けてきました。

インバスケットは、あなた自身のスキルアップに役立つ道具ですが、一方であなたが抱えている問題を解決する道具になる可能性も秘めています。

ここではインバスケットを道具として見たときに何ができるかをご紹介したいと思います。

現在インバスケットは民間だけではなく官公庁や団体でも活用されています。

活用の方法は多岐に及んでおり、研修や教育で使われるケースもあれば、選抜試験や適性検査などで使われるケースもあります。
アセスメントはこの後で紹介しますので、ここでは教育という観点からお話しします。

インバスケットは**「学んだことが実際にできるか」を測定する道具**です。
ですから、インバスケットで評価できるものは、本書で紹介したマネジメントだけではありません。

実際に新入社員や新入職員向けのインバスケットも多くの民間企業で活用されています。測定するのは、新人教育で教えた社会人としての基礎知識です。
例えば「職場の備品は私用で使わない」だとか「報告連絡相談」なども実際にできるかを、職場に配属する前にこのインバスケットでチェックすることができるというわけです。

入社2年から5年ほどの中堅職員向けのインバスケットもあります。

ここでは後輩の指導方法や叱られ方、謝り方、指示の受け方などを測定します。

もちろん、経営者や経営幹部向けのインバスケットもあります。

また、シーンによっても使い分けすることができます。

例えば、「コンプライアンスを意識できるか」という観点だけのインバスケット問題をある企業からのオーダーで作ったこともありましたし、災害が発生したときにどのような判断をするのかという「災害インバスケット」も東北大学と連携して作りました。

今までの教育は「知識を与える」という要素を重要視してきたのに対し、インバスケットは「その学んだ知識が実際に使えるのか？」という観点を重要視しているわけです。

ですから、私は仕事だけではなく、異性とのコミュニケーションや受刑者の矯正にもこのインバスケットは活用できると確信しています。

教える側の永遠のテーマは「教えたのにどうしてできない」というものでした。
それを解決するのがインバスケットなのです。

行動を数値化すればすべてが変わる

もう一つは、インバスケットの注目される要素として「**スコアリング**」という技術があります。これはインバスケットで受講者が書いた回答を、点数化するという特殊技術です。

「インバスケットには正解がないのにどうやって採点するのか？」という質問をよくいただきます。

これはインバスケットの評価基準が、何をもって正解とするかという手法ではなく、その**回答の中に評価できる行動がどれだけ含まれているか**を採点する手法をとっているからです。

コンピテンシーという言葉を聞いたことはあるでしょうか。

これは簡単にいうと、ハイパフォーマーと呼ばれる仕事で結果を出す人達に共通した行動パターンをいいます。

例えば、結果を出す人はあるトラブルが起きたときに、「再び同じことが起きる」と捉え、再発防止の行動を取る、などというものです。

マネジメント層向けのコンピテンシーは約70あり、その行動が受験生の回答の中に含まれているかどうかを採点するわけです。

採点するとシートで結果が出てくるわけですが、ここで一番注目しなくてはいけないのは、**能力のバランス**です。

いかに高スコアであっても、ある能力が低い発揮度だと、良い結果につながらないからです。

例えば、ほとんどの能力が平均以上であったとしても、「意思決定力」が発揮されていない場合、いかに良い問題発見と分析をしても、自分の意思を相手に明確に伝えることができないため、仕事では良い結果とはなりません。

逆にいうと、ある能力の弱いところを伸ばすだけで、飛躍的に仕事の結果が良くなったという人も多く見てきました。

行動の数値化をすることで、**受講者が自分自身の正しい状態を客観視できる**のに加え、その自治体や団体・企業全体の特性を把握することもでき、**他の団体と比べてどこができており、どこができていないかを判断することができる**わけです。

このデータは民間企業では、配属やキャリア育成、そして教育の計画作りに活用されています。

今はこの回答を分析するのに2週間ほどかかっていますが、現在ＡＩを使い時間の短縮ができないかを研究しています。

数字で行動を捉えると、より少ない時間でより効果的な職員の育成が可能になるだけではなく、採用や配置転換など人的資産を有効的に使えるわけです。
個人としても定期的にスコアリングを実施すれば、教育の効果測定にも使えます。
一般の方は判断力検定などでこのスコアリングを受けることができます。

おわりに

インバスケット思考シリーズの書籍を出版して、50冊を超えました。

今回は縁があり、ぎょうせい様から公務員向けのインバスケット本を書かせていただきました。

実は公務員向けのインバスケットは7年ほど前にでき上がっていました。県庁や市町村からのインバスケット研修の依頼があったからです。

私自身は民間も公務員も仕事は仕事で同じだろう、と考え今までのプログラムをそのまま使ったのですが、どうもしっくりきませんでした。

特に優先順位をつけるという点においては、民間であれば利益や顧客満足などの基軸で順番を考えるのに対し、公務員は法令や利害関係者を優先して優先順位をつけられる傾向がありました。

ですので、公務員向けに専用の問題を作り、専用のワークなどを盛り込んだわけです。

ようやくこれからその問題とプログラムを使っていこうと思った矢先、オーダーの風向きが変わります。

民間の問題で、民間と同じプログラムで研修を実施してほしいというオーダーが増えてきたのです。

この流れに、公務員と民間の垣根がどんどん低くなっているのだなあ、と感じました。

でも今回の本ではあえて、舞台を公務員として設定し、皆様の周りで起きることをリアルに再現したつもりです。

その理由は、３つあります。

１つ目は、市民の生命や安全を扱うという公務員の仕事の特性は民間のケースでは作りえなかったこと、

２つ目は、未曽有の災害や予想できないトラブルが地方自治体で起きており、より近い舞台設定で判断力を磨く必要があるため、

３つ目は、民間の方に公務員の方の仕事を模擬体験してもらい、お互いが力を合わ

せて良い街づくりができる価値観の共有をしたかったためです。

何かトラブルと標的になる公務員の方の仕事を私自身ずいぶん誤解していました。取材を通じて、民間よりがんじがらめの中、匍匐前進してでも私たちの生活を支えてくださっている有能な公務員の方が大勢おられるわけです。

この仕事ぶりは体験しないとわからないので、今回の舞台には「市役所」を設定しました。

本書を通じて、日本中の地方自治体の職員がもっと笑顔で仕事ができる、働き方改革に寄与できれば著者としてこの上ない喜びです。

最後になりますが、本書を編集いただいた株式会社ぎょうせいの皆様はじめ関係各位に謝辞を述べたいと思います。

ありがとうございます。

そして本書を最後までお読みいただいたあなたに、お礼を申し上げます。

ありがとうございました。

２０２０年5月

株式会社インバスケット研究所

鳥原　隆志

【著者紹介】

鳥原　隆志（とりはら・たかし）

株式会社インバスケット研究所・代表取締役
大手小売業でマネジメント職に従事後、独立して日本初のインバスケットコンサルタントとして執筆、講演活動を開始。2012年には「インバスケット思考」がビジネス書大賞受賞。現在は国内外で講演活動はもとよりテレビ・ラジオなどにも出演。官公庁での講演実績も多数あるなど精力的に活動中。
主な著書に「究極の判断力を 身につける　インバスケット思考」（WAVE出版）、「一瞬の判断力があなたを変える インバスケット思考２」（WAVE出版）などシリーズは50タイトル、累計80万部以上。

（令和２年５月現在）

●株式会社インバスケット研究所公式ホームページ
http://www.inbasket.co.jp/

●鳥原隆志公式ホームページ
http://torihara-takashi.com/

●鳥原隆志公式ブログ
https://ameblo.jp/inbasket55

限られた時間で結果を出す！

公務員のためのインバスケットトレーニング

令和２年８月10日　第１刷発行

著　者　鳥原　隆志

発　行　株式会社 **ぎょうせい**

〒136-8575　東京都江東区新木場1-18-11
電　話　編集　03-6892-6508
営業　03-6892-6666
フリーコール　0120-953-431

〈検印省略〉　URL：https://gyosei.jp

印刷　ぎょうせいデジタル(株)

ISBN 978-4-324-10738-6
(5108565-00-000)
〔略号：公務員インバス〕